SÓLO SE TRATÓ DE VIVIR Y AMAR

Albino Gómez

Sólo se trató de vivir y amar

(Antología poética)

El fin de la noche

Gómez, Albino
Sólo se trató de vivir y amar : antología poética . - 1a ed. - Ciudad Autónoma de Buenos Aires : El fin de la noche, 2014.
248 p. ; 20x13 cm.
ISBN 978-987-1491-70-4
1. Poesía Argentina. I. Título
CDD A861

© Imagen de tapa: Ailén Lucciano

El fin de la noche

© Editorial El fin de la noche, 2014

Buenos Aires, Argentina

ISBN 978-987-1491-70-4

Editorial El fin de la noche

Hecho el depósito que previene la ley 11.723

Para sugerencias o comentarios acerca del contenido de esta obra, escríbanos a: **info@elfindelanoche.com.ar**

www.elfindelanoche.com.ar

Índice

PRÓLOGO 11
ABUSANDO DE MACHADO 17
A CARGO DE UNO Y A CARGO DE OTROS 17
ADIÓS A UN MILICIANO 17
AEROPUERTO 21
A EVA 22
A GUSTAVO DURÁN 23
A MERCEDES DE SAN LUIS 23
AMOR EN BUENOS AIRES 24
ANTES DE VIVIR 25
ANTES Y DESPUÉS DE VOS 27
A PABLO PALANT 27
APARTHEID 31
ASÍ NO VIVES 31
ASTERIA 32
ATARDECER 33
ATELIER 33
AZUL Y GRIS 34
BREVE EXPLICACIÓN DE LA FIDELIDAD 35
BUENOS AIRES SIN VOS 35
CHACAÍTO 37
CIELOS AZULES 39
CIENCIA Y POLÍTICA 41
CIUDAD-DURA-CIUDAD 42
COLONIA TOVAR 42
CONTINUIDAD E IDENTIDAD 45
CON TODOS USTEDES 45
CORTESÍAS *CONJUGACIONALES* 46
CUANDO ESTÁS
Y CUANDO TE VAS 47
DAME LO MÍO 48
DE NUEVO TODO 50
DESDE MANHATTAN 51
DESDE MÍ MISMO 52

DESDE MONTEVIDEO 53
DESDES 54
DESENCUENTROS 55
DILEMA 55
ELEGÍA (Para Jorge Vázquez, 1943-2007) 56
ELEGÍA A FERNANDO 63
ELEGÍA A LOS ESTADOS UNIDOS DE AMÉRICA 64
EL FIN DE LA AVENTURA 74
ELLA 76
EL OTRO EXILIO 76
EL PEOR DE LOS EXILIOS 82
EL SUEÑO DE LOS HÉROES 83
EL TREN 84
EN BUENOS AIRES 88
ENIGMA SIDERAL 89
ENUMERACIÓN 89
ESAS COSAS 90
ESAS GANAS. 90
ESA TARDE, LA PRIMERA 92
ESO QUE SE LLAMA ETERNIDAD 93
ESTAR CON VOS 95
ESTO QUE LLAMAN VIDA 95
ERA ESPACIAL 99
EVAPORACIONES 99
EXILIO DEL AMOR 100
EXPLICACIÓN DE LA FIDELIDAD 102
FIN DE AÑO 103
FUERA DE LA CIUDAD 103
FUNDANDO UNA CIUDAD 104
GARDEL EN NUEVA YORK 107
HOTEL COLONIAL 110
IN MEMÓRIAM 113
INQUISIDORES Y REPRESORES 113
ITINERARIO 115
JUNTOS 117
LA LIMOSNA 118
LA LUZ 119
LA PARTE QUE FALTABA 120
LAS CARTAS 120
LAS CIUDADES PROMETIDAS DEL AMOR 121
LAS COSAS PERDIDAS 122

LAS ESTACIONES Y LOS HOMBRES 123
LA SOLEDAD 127
LA TARDE 127
LA ÚLTIMA VERSIÓN DE MARTA 127
LA VIDA BREVE 131
LAS MUCHACHAS 131
LITERATURA Y VIDA 132
LO IDEAL Y LO REAL 133
LO QUE CAMBIA CUANDO UNO NO ESTÁ 133
LOS ACTOS ACADÉMICOS 137
LOS DÍAS SIN VOS 139
LOS GERANIOS 140
LOS HOMBRES QUE ESTÁN SOLOS 143
MAÑANA ES NOVIEMBRE 148
MAÑANA SERÁ MARZO 149
MÁS ALLÁ DE PAUL GERALDY 151
MENDELIANA 151
MIENTRAS TÚ CRECES 152
MISMIDAD 154
MIS TARDES PARA TI 154
MIS TIEMPOS 155
MONTEVIDEO 156
MUCHACHA DE NOCHE 157
MUCHACHO *CHÉ* 158
MUJER TOTAL 162
NEOPORTEÑOS 164
NEW YORK, NEW YORK 165
NIÑA TÚ 167
NIÑOMAR 168
NO SÉ 169
NUESTRO AMOR 170
NUESTRO TIEMPO 172
NUNCA MÁS 177
OTOÑO EN CASA 179
PAISAJE 179
PÁJARO DEL DÍA Y DE LA NOCHE 180
PERCEPCIÓN 183
PERIODISTA DE ALMA 183
PLAZA SAN MARTÍN I 183
PLAZA SAN MARTIN II 184
PLAZA SAN MARTÍN III 185

PLAZA SAN MARTÍN IV 185
POEMAS HEGELIANOS 186
LA QUINTA JOSEFINA 186
DESPEDIDA A DOMINGO ESCOBAR 190
SE ACABARON LOS TRUCOS 192
SIN DÍAS YA 193
SI YO PUDIERA 194
SOBERBIA 197
SOBRE TUS MANOS 197
SÓLO ES VÁLIDO EL AMOR 199
SU MUERTE PROPIA 201
SU RISA 202
TALENTO FEMENINO 202
¿TE ACORDÁS? 203
TESTIMONIO DE AMOR 205
THANKSGIVING DAY 207
TIEMPO DEL HOMBRE Y DEL NIÑO 212
TIEMPO PERDIDO 214
TU CUERPO 214
TU PIEL 215
UNA BANDERA SIN ESPERANZA 215
UNA CANCIÓN ESPERANZADA 216
UN AMOR SIN LÍMITES 218
UN SOLO MINUTO 220
VAMOS 221
VALOR DEL AMOR 222
25 DE MAYO EN EL EXTERIOR 223
VENTANA BUENOS AIRES 226
VERTE DORMIR 227
VIDA 228
Y SER 229
Y TODO EL MAR 230
ANEXOS 233

PRÓLOGO

Una amistad antigua, aunque siempre renovada, me une a Albino Gómez, esa amistad que se basa en evocaciones compartidas en distintas épocas y lugares, donde aparece una remota Chile de principios de los años setenta, cuando el país gobernado por Salvador Allende se debatía entre ensueños y sobresaltos, entre lo épico y lo elegíaco. Nos tocó vivir jornadas dramáticas en que la intolerancia se imponía sobre la razón. Pero para qué recordar lo patético si tenemos la esperanza por delante, que se nos brinda victoriosa en el camino de la palabra, a través de un mundo literario que celebramos con una copa de vino en nuestros repetidos encuentros.

Decir que Albino Gómez ejerció la profesión de la diplomacia y alcanzó el rango de embajador, o que es periodista y fue un comprometido militante político, dice bastante de su vida, pero es sólo un tramo de lo existencial. En el sendero del espíritu, Albino es escritor y poeta –siempre lo fue–, un original narrador y un sutil artífice de versos conmovedores; tampoco está de más agregar que es un notable memorioso, un original humorista y uno de los grandes *causeurs* de Buenos Aires; es decir, un asombroso conversador, un "hombre de repertorio" como lo era el Tuco Paz y lo fueron Borges, Bioy Casares, Edmundo Guibourg y Enrique Cadícamo.

Los poemas de este libro de Albino me han deparado una grata y singular experiencia. Al leerlo oigo su voz, los hábitos de su entonación, la cadencia de su palabra llana, mesurada, afable:

*Yo sé
que podré seguir
escuchando música
viendo todos los cielos
y todos los paisajes.
Yo sé
que podré seguir
sentándome a las mesas
para charlar
para beber
para comer*

En la conversación como en su poesía, a la par de los grandes charlistas, nuestro amigo maneja los tiempos verbales, los gestos que acompañan su ironía, la sensibilidad de su amable sonrisa. En este libro que me honra prologar, la vastedad de sus imágenes se consolida en cada verso:

*Si se diera
un solo minuto
universal
despojado de maldad
la tierra
se poblaría
de ángeles*

Como en Quevedo ("Vivir es caminar breve jornada"), como en Neruda ("Si me preguntáis en dónde he estado debo decir 'Sucede'"), el tiempo es una presencia constante en la poesía de Albino y lo trae a la cotidianidad de sus versos con un sentido particular:

*Ya que es
el presente
el único tiempo
o
el único tiempo real
que podemos vivir
o sea el hoy
de cada día
porque el pasado
para siempre
ya se fue
y el futuro
ni siquiera podrá ser
si ella y yo
no lo inventamos
hoy*

Se perciben también un deleite y una felicidad en la poesía de Albino. Es el poeta ameno que escribe por placer y por dar placer a quien lo lee; esto es, con respeto hacia su lector. Es un poeta de la nostalgia que le canta al amor, a los amigos, un genuino celebrador de este mundo:

*Te dije alguna vez
lo de apurar la vida
pero viviéndola.*

La poesía de Albino Gómez tiene belleza verbal y se expresa con el encanto de la palabra. Para el oído y para la vista, los poemas de *Sólo se trató de vivir y amar* son un único poema donde cada parte es como un todo que propone la faceta de una situación ante la diversidad. Acaso sin proponérselo, Albino ofrece a nuestro tiempo la dicha singular de la cortesía. Casi parafraseando a don Antonio Machado, pero con voz propia, reconsidera:

Amante
no hay amor.
Se hace amor
al amar.

Estos versos sugieren que la melancolía es un elemento esencial, inevitable y, sin duda, el precio de nuestra condición humana. El acto de cada hombre, como sospechaba Chesterton, sólo se justifica como símbolo de una secreta pasión.

Mientras vive
el hombre
es lo que él recuerda
y olvida.
Cuando muere
es lo que los otros
de él recuerdan
y olvidan.

Los intensos poemas que esperan al lector son un modelo de sinceridad, han sido escritos por un auténtico poeta, por un cosmopolita que nunca deja de ser porteño, el hombre de Buenos Aires que, además, siente y vive la belleza como una presencia inseparable.

Roberto Alifano, 2013

Dedico esta antología poética a todas aquellas personas que me brindaron amistad o amor.

ABUSANDO DE MACHADO

Amante
no hay amor.
Se hace amor
al amar.

A CARGO DE UNO Y A CARGO DE OTROS

Mientras vive
el hombre
es lo que él recuerda
y olvida.
Cuando muere
es lo que los otros
de él recuerdan
y olvidan.

ADIÓS A UN MILICIANO
(A Ramón Prieto, in memóriam)

Ramón de España
Ramón del Amazonas
Ramón del Plata.

Ramón amigo de Pablo
amigo de Rafael
de María Teresa
Ramón amigo de André.

La máquina de escribir
por la metralla
tuviste que cambiar Ramón.
Trinchera de España
para la guerra más cruel
donde el vecino entregó al vecino
donde el hermano caínamente
mató al hermano.

Luego fue el largo
y doloroso exilio
Ramón.
El adiós al Quinto Regimiento
el adiós a la tierra amada
que ya de niño
no te había dado siquiera
un Platero
ni tiempo para jugar.

Tu lucha siguió
en las selvas
de nuestro Continente
ya no en la estepa
o en los campos
ni en las montañas
de tus mayores.

Después
camino al Sur
llegaste hasta aquí
Ramón
a mi país

a mi ciudad
donde tu acción
y pensamiento
cobraron
una nueva dimensión.

Y fue entonces
la novela
las noches de *Crítica*
la justicia social
el desarrollo
las páginas abiertas
para tu pluma
en *Clarín*.

(Pero la vida
ya no era para morir
sino para luchar
como tú luchabas
por una vida mejor).

Y es así
cómo hoy te recuerdo
Ramón
recorriendo febrilmente
el Continente
a través de los años
siempre detrás
de tu máquina de escribir

con un vaso de vino
un libro
y un cigarrillo
eternos.

Cuántas fatigas Ramón:
sólo al final
en los últimos años
el amor de una mujer
te devolvió la juventud.

Ahora Ramón
ya te habrás reencontrado
con los viejos compañeros
de la Plaza de Mayo
y con aquellos
más antiguos todavía.

Sorprendidos todos
de haber llegado
y estar juntos
en un lugar
en el que nunca creyeron
montando guardia
de paz esta vez
aun con los viejos enemigos
o adversarios
junto a los luceros.

AEROPUERTO

Siempre
en el Aeropuerto
para llevarme
para esperarme.

Desde aquella
vuelta mía
tan imprevista
de Panamá.

Los horarios
sin relojes
trasnochados
nuestros cansancios.

Una vez
nos bebimos
la despedida
cerca del mar
ya al mediodía
bajo el sol.

Y la última
en ese
pequeño salón
donde inventamos
un rincón inexpugnable
que aprovechaste
para preguntarme
todas las cosas

que no te atreviste
antes a preguntar
no sé por qué.

Estábamos
tan cerca
el uno del otro
la última vez.

Y vos
casi seguro
porque sabías
que era
precisamente
la última vez.

A EVA

Vos que lo conociste bien
no digo
desde el primer encuentro
pero sí
desde esos tiempos
primeros.

Sobre todo
cuando tuviste que criticarlo
duramente
porque no quería hacer
lo que debía.
Y ya casi al final

cuando lo increpabas
diariamente
porque hacía solamente
lo que no debía.
Vos que lo conociste bien
(y para que nadie se confunda)
sabés que no estoy hablándote
de Adán.

A GUSTAVO DURÁN[1]

Tantas veces te dije chau
Gustavo Durán
de madrugada
en las esquinas de Atenas
porque a los amigos como vos
no se les puede decir adiós.

A MERCEDES DE SAN LUIS

La Cruz del Sur
en tus noches.
Las casas bajas
el polvo de los galopes
en las veredas

---

[1] Músico español, General en la Guerra Civil, exiliado, alto funcionario de los programas de desarrollo de las Naciones Unidas en Grecia. Amigo de Federico García Lorca, de Rafael Alberti, de Ernest Hemingway, quien lo transformó en uno de los personajes de *Por quién doblan las campanas*. Vivió intensamente, sin miedo a morir. Sus restos descansan en Grecia. Yo disfruté de su talento, de su bondad y de su amistad.

el río sin agua.
La lejanía de las sierras
el amor en los ojos
de tus muchachas
y el cielo soñando
en azul.
Pampa entre Pampa
Ciudad.
La Cruz del Sur
en tus noches
en cada voz
tu cantar.
(1952)

AMOR EN BUENOS AIRES

Negro y amarillo
manos sobre mesa
es moderno.
Y fue antes
en Viamonte
hace horas.
Luego un idioma extranjero
una asociación de ideas
y el hombre escucha con Freud.
Se habla francés y se recuerda
el amor y la piel.
Se dicen cosas
pero se sienten otras
anteriores.
Separarse

esperarse.
Luego otra vez
Coca-Cola y limón.
Anita se aburre.
Había olor a violetas
y la estufa estaba encendida.
Las células se mojaron.

ANTES DE VIVIR

Te dije alguna vez
lo de apurar la vida
pero viviéndola.
Que todo había sido
demasiado recto
demasiado sencillo
sin dolor y sin amor
bajo ese cielo
y esos árboles
de ese paisaje barrial
de tu ciudad.
Te dije alguna vez
que habías pasado
tan rápido las cosas
de todos los días
sin llantos
sin alegrías.
Te dije también
de aquellas columnas blancas
cerca del río
que no quisiste

y de todas las cosas
que no miraste.
Y un día
bajo otro cielo
te vi llegar
quizá feliz
tal vez igual
pero con una promesa
casi esperanza de vivir.
Después
seguiste como siempre
con el silencio frío y azul
de alguna estrella
y más tarde leí
aquella noticia
del accidente
en el camino
con tu temprana
y tremenda muerte.
Entonces
pude recién comprenderlo todo
y comprenderte
y supe lo que tú sabías
o sentías
quizá muy oscuramente
desde siempre
y que nunca
te permitió vivir.

ANTES Y DESPUÉS DE VOS

Antes de conocerte
como el amor
no era el amor
yo podía tener
esa apariencia
en cualquier mujer.
Pero luego
me daban ganas
de partir
o de olvidar.
Después de conocerte
como el amor
fue por fin
el amor
ya no puedo
vivirlo
más que en vos.
Y es por eso
entonces
que ya no quiero
olvidarlo
ni partir.

A PABLO PALANT

¿Te acordás Pablo
qué sanata aquella
la del Canal
que hacíamos *Para bien de todos*

grabando siete programas en el 7
en una sola noche
sin parar?
Y vos fumando levemente
casi al desgaire
como hablabas
que era igual que navegar.
Con esa manera que tenías
de estar y de no estar:
muestra de adánico cansancio
y de una resignación no resignada
casi total.
Tal vez por las perdidas esperanzas
las muchas o las pocas
las de siempre y para siempre
pero también con ese humor
que no te abandonaba.
A veces tierno
distraído
o agresivo
indiferente.
O con esa ironía
y ese juego que jugabas
de desgano para el primer saludo
y que a todos despistaba
porque nunca se sabía
si tenías ganas de hablar
o de callar
de jugar o no jugar.
Después
venía la sanata

pero vos hacías lo tuyo
y de la mano de Ibsen o algún otro
contabas lo que querías
suavemente
y no te importaba lo demás.
Así
como para nosotros
íntimamente
no para la cámara
ni para la audiencia masiva
de la televisión.
Únicamente para nosotros
los que estábamos allí
y no la pura abstracción.
La otra noche Pablo
me acordaba de esos días
mientras Ulyses,
la China Zorrilla
y César Tiempo
que sabe tantas cosas
se acordaban de otros días compartidos.
Y estábamos con vos
pero nos faltabas vos.
Después
te perdiste ese tipo
que entró al velorio
con cara de Edad Media
y un libro de Aguilar en una mano:
quizá se equivocó.
Y era como para tu risa Pablo
o como para alguno de tus cuentos.

Como para una tarde igual a aquella
en lo de Cipe
preparando el libreto para un café *concert*
con los versos en lunfa
y esas canciones de tus paisanos
que se te había ocurrido
las adaptara yo.
¡Vamos, Pablo,
sonreíte,
decime que te acordás!
No te hagas el distraído,
el que no sabés
porque yo sé que de lo único
que te olvidaste
fue de ese diploma que tenías
de abogado
porque no querías que un día
como el que te estoy contando
saliera alguna nota de homenaje
llamándote doctor.
¡Vamos Pablo
no te hagás el que no te importa
que te echemos de menos!
Porque vamos a seguir
protestes o te quejes
nombrándote y queriéndote
por más indiferencia que demuestres:
¿no ves
que ya te empezamos a extrañar?

APARTHEID

Lucha muchacho negro
trabaja fuerte
y estudia si puedes.
No te emborraches
esfuérzate mucho
y no te importen
los sacrificios
que debas hacer.
Y cuando culmine tu lucha
y llegues eventualmente a ser
el mejor hombre
de África del Sur
aun así
el último de los blancos
el más imbécil
el más cretino
tendrá todavía
más derechos que tú.
(Sudáfrica, 1966)

ASÍ NO VIVES

Tal vez las casas
y la gente antigua
los oscuros colegios
y las mañanas frías
en alguna iglesia.
Pero no entiendo
si después tuviste

color y vida
y climas templados
de cantos y arenas
por qué persisten
las sombras
de tristes vigilias
y los días nublados
en ventanas grises.
También a veces
hay éticas
tenaces de orgullo
y ascetismos sin cielos.
Pero de todos modos
lo mío no importa
y aunque no me creas
y aunque no me sientas
así no vives.

ASTERIA

Las estrellas
a pesar de que titilan
no conocen ese tiempo
del instante
del momento.
No saben tampoco
muy altas
de las horas del hombre
de los días del mundo.
Ni saben
de la muerte

quieta
agónica
larga.
Porque son
o dejan de ser
cuando se incendian
cuando estallan.

ATARDECER

¿Qué es el atardecer
sino un amanecer huyendo?

ATELIER

A veces la tarde
con ese color
ya suave
de las cinco a seis
en el otoño
entra por un ventanal
amarillando hojas
tristemente.
Cae sobre un mantel
y enciende copas.
Hay una muchacha
tiene los ojos verdes
amplios
todo vibra un poco.
Como si eso pudiera ser siempre

pero sabiendo
que no será nunca.
Sólo es paisaje
hombre-mujer
muriendo en la tarde
con su luz rosaverde,
iluminando copas
entristeciendo vidas.

AZUL Y GRIS

Llueve hoy en la tarde
de Buenos Aires
y pienso en el cielo de tu ciudad
seguramente azul.
Aquí
los pájaros no saben dónde estar.
Vibran las antenas de televisión
como juncos
por el viento.
Y se mecen largos cables
esos mismos
que a veces
no hace mucho
me traían desde tu casa
tan lejos
o desde lugares más remotos todavía
tu voz
cuando viajabas con la ilusión del amor.
Se mojan mientras tanto
terrazas solitarias

y alguna ropa tendida y olvidada
flamea como bandera sin país.
Las ventanas
también están abandonadas
y el río
como el color de tus ojos
muy marrón.
Llueve hoy en la tarde
de Buenos Aires
y pienso en el cielo de tu ciudad
seguramente azul.

BREVE EXPLICACIÓN DE LA FIDELIDAD

Pude serte fiel
seguramente
porque nunca separé
en mi relación con vos
el deseo del amor.

BUENOS AIRES SIN VOS

Sí
yo sé
que serán pocos
los días
de tu ausencia
pero corta
o larga
lo que me duele

es no tenerte cerca
y desde mañana
ni siquiera
en la ciudad
en la nuestra
que te contiene
día a día
antes de vernos
o de hablarnos.
Con esa tristeza
ahora
que ya comienza
por saber
que vas a dejar
vacías la calles
y las plazas
esas que te ven
pasar
todos los días
sintiendo tus pasos
cada mañana
mientras te espero
en cada atardecer.
Pero cómo vivir
sabiendo
que a partir
de mañana
ya no estarás
en ninguno
de nuestros lugares
con una ausencia

tan total
que ni siquiera
puedo contártela
salvo decirte
que sin vos
mi soledad
es total.

CHACAÍTO

Recuerdo
la primera vez
que me llevaste
a Chacaíto.

Yo a comprar
discos y libros
vos a tu clase
de inglés.

Y yo empecé
esa tarde misma
a preguntarte
por todas las cosas
de tu ciudad
y por algunos
buenos lugares
para llevar
a una pareja amiga
a escuchar música
y a comer.

Vos me los dijiste
y entonces
no sé bien cómo
todavía
me animé
a invitarte
para esa misma noche
a acompañarnos
a salir.

Tampoco sé
bien cómo
–y vos seguramente
menos–
se te ocurrió
decirme sí.

Tal vez ahora
y ya pasado
el tiempo
que no fue mucho
y el amor
que tampoco
duró
vos estés
realmente arrepentida
de aquel sí.

En cambio yo
puedo decirte
que a pesar
de todo lo perdido

fue tan intenso
lo vivido
que sigo queriendo
desde ese día
a Chacaíto
para siempre:
precisamente
por tu sí.

CIELOS AZULES

Blue skies, smiling at me,
nothing but blue skies, do I see.

Sobre un Buenos Aires feliz
en los años cuarenta
de la Segunda Guerra Mundial
con letra de muchacha
prolija y perfumada
oculta en la rosa cerrada
de un sobre
que abro
como si fuera su sexo
entre los ascensores
y los entrepisos del club
o en la escalera de su casa.

Con una fragancia
de primavera
que se azula en sus ojos
sobre aquella terraza

de un piso noveno
desde la cual aprendemos
a mirar
y a amar nuestra ciudad...

Blue birds singing a song,
nothing but blue birds all day long.

Después del crepúsculo
caminamos
hacia su ya apagado
Oeste
tomados de la mano
por alguna de las calles
céntricas
que nos llevan a su casa
sin darnos siquiera cuenta
tan azules vamos
de su tristeza gris.
Pero ella debe irse
de verano al mar
porque las muchachas
de su edad
no pueden decidir
quedarse solas
en la ciudad
y mucho menos amar.

Entonces
me deja un pañuelo
con la fragancia rosa
de su sexo

y su pollera tableada
las medias ¾ blancas
una blusa sin senos
y su blazer
con escudo
de colegio inglés...
Blue days all of them gone.
(1950)

CIENCIA Y POLÍTICA

Leí
que Einstein
había dicho
que el tiempo
era
una dimensión
de la materia.
Que el espacio
era curvo
y que la masa
y la energía
constituían
dos aspectos
de una misma
realidad.
Luego
leí un discurso
político
y me dio náuseas.

CIUDAD-DURA-CIUDAD

Y esos domingos de sol
hay hombres tristes
que escuchan por radio
un partido de fútbol
en alguna pieza
sin ventana
de una pensión
o de cualquier hotel.
(1946)

COLONIA TOVAR

Íbamos
hacia el mediodía
dejando atrás
la ciudad
y vos
como siempre
diciéndome
el nombre
de todas las cosas
que era
la manera
de fundarme
tu país
en el amor.

Luego cambió
todo el paisaje
cuando empezamos
a subir
hasta llegar
a ese pueblito
sorprendente
tan europeo
tan increíble
allí.

Y después
del almuerzo
y la bebida
compartidos
sobre la mesa
iluminada
por el aire
pegada a la ventana
dando al jardín.

Servidos
por esa alemana
alucinada
vaya a saber
por qué
con su humor
absurdo
y así como "naíf".

Y una música tuya
tan linda
de antigua
y valseada
romántica y guitarra
como vos.

Que me quedó
resonando
muy adentro
todo el tiempo
después
al volver
cuando pasamos
de nuevo
por el pueblo
y compramos
esas cositas
que siempre te gusta
comprar a vos.

Con las nubes
bajando con nosotros
de la montaña
al mar
para que yo
pudiera saber
definitivamente
que teniéndote
a mi lado
estaba tocando
el cielo

con las manos
en esos días
primeros
y últimos
que tuve de tu amor.

CONTINUIDAD E IDENTIDAD

Ya no soy
lo que era
pero el que ahora
soy
proviene
de aquel
que era
y ya no soy.

CON TODOS USTEDES
(En la Mansión)

Hoy ya no sé
cuál fue el primer recuerdo
pero vivía feliz con todos ustedes
esos días.
Los patios
los juegos
la pelota de trapo
que a veces se perdía entre las vías
y aquella fragancia que había
de jazmines en las verjas.

Hoy ya no sé
cuál fue el primer recuerdo
pero así era Flores
cuando yo era niño:
con su calle larga
con su nuevo cine y su vieja plaza.
Con ese olor de mansiones
y de trenes
recordando los corsos
olvidando las quintas.

Hoy ya no sé
cuál fue el primer recuerdo
pero vivía feliz corriendo los patios
esos años
con todos ustedes en la casa
mirando mis juegos
soñando mis días.

CORTESÍAS *CONJUGACIONALES*

Yo te amaba
vos me amabas.
Yo te amo
vos me amabas.
Yo te amaré
vos me amabas.
Dicho así
son formas distintas
pero constantes
las dos

al fin.
Aunque
de manera injusta
aparezca yo
como más voluble
más cambiante
que vos.

CUANDO ESTÁS
Y CUANDO TE VAS

Cuando estás
lo hacés de tal modo
que ocupás todo espacio
y todo lugar.

Cuando te vas
es entonces tu ausencia
la que vuelve a ocuparlo todo
pero de un modo tal
que me hace sentir
aun con más fuerza
que antes
la soledad.

La adánica soledad
de esta Tierra
para el hombre
sin la mujer.

En este caso
para mí
cuando no estás.

DAME LO MÍO

Así te espero
cada día
hasta la tarde
casi noche
con impaciencia
y un deseo
tan total
que apenas
al entrar
nomás
sin darte
siquiera tiempo
para nada
comienzo a besarte
todavía de pie
para seguir
en el sofá
abriendo nuevamente
tus labios
para sentirte
como nunca
tanto
tanto
que me cuesta
dejarte

siquiera
ir al baño
para llamarte
luego
y pedirte
que no tardes
que vengas
a la cama
sin apagar
esa tenue luz
ese reflejo
que entra al cuarto
porque quiero verte
desnuda
cuando llegás
al fin
con tu piel de mujer
para dejar
que te penetre
partiendo en dos
el Universo.

Porque ya
dentro tuyo
con los susurros
más entrañables
del sexo
y del amor
que decimos los dos
para fundar
un mundo nuevo
cuando pedís

al fin:
¡Dame lo mío
dame lo mío
dame
dame lo mío
mío
oh...!

DE NUEVO TODO

Seguimos todavía
en Buenos Aires
es mundo
continente
país
ciudad.
Es nuestra Buenos Aires
con sus calles
que caminamos juntos
bajo el cielo
cerca del río
y del Cabildo.
Ahora se oye un reloj
y son las cinco.
Después del café
todavía gustando
en nuestros labios
mis manos
recuerdan tu piel.
Pronto tendremos
de nuevo todo.

Hay siempre un moño
y una estufa
tú no quieres más luz.
Ya falta poco
y las palomas
quedarán volando
sobre la Pirámide
como una bandera al viento.

DESDE MANHATTAN

Quizá la tarde
esté empezando
en Buenos Aires
y el sol
sobre los parques.
Quizá el azul
y el verde
se confundan
en la Plaza San Martín.
Y yo aquí lejos
con hombres extraños
comparto ajeno
una comida triste.
Cómo quisiera
oír ahora
mis voces amigas
y volver la comprensión
a las miradas.
Pensar que yo solo
pueda recordar

a tantos
y que tantos
juntos
se hayan olvidado de mí.
Quizá las luces del puerto
o las ventanas
de tu cuarto
me recuerden todavía
quizá la costa del río
las calles
las plazas
y los niños.
Alguna vez el viento
alguna vez el aire
tal vez una canción.

DESDE MÍ MISMO

Yo sé
que desde las calles
vacías
de un domingo
en Wall Street
hasta el Partenón
son millones
los hombres
que han visto
las mismas
cosas que yo.

Pero lo único
que importa
es que soy
también
el único
que las vio
desde esa dimensión
exclusiva
única
intransferible
que soy yo.

DESDE MONTEVIDEO

Eran lecturas juveniles
sobre exilios
y nostalgias argentinas
de otros tiempos.

El recuerdo de una muchacha
mirando el horizonte
a través del Río
desde la otra orilla
añorando su ciudad.

Mientras el joven Mitre
apenas sargento mayor
y veinteañero
escribía su diario literario
cuando el sitio de Montevideo
le daba un respiro.

Y vos también mirabas
un siglo y medio después
a través del mismo Río
el horizonte detrás del cual
estaba nuestra ciudad
a la que debíamos volver
dando por terminado
una vez más
el único exilio
que vale la pena vivir
cuando es compartido
que es el exilio
del amor.

DESDES

Desde aquellas calles
desde aquellos ríos
desde aquellos parques
desde aquellos cielos
de azules
y estrellas diferentes.
desde aquellos temas
de música de siempre
y para siempre
tapando nuestras voces
apenas audibles
para acabar en grito.

Desde aquellas palabras
después irrepetibles.
Desde aquellas comidas
alegres de vino
antes o después del amor
justamente de ese amor
que comenzó
aquella tarde
húmedo en la piel
mojada de sexo
y de verano.

DESENCUENTROS

A Grecia llegué
dos mil años
después de lo debido.
Y a Sudáfrica
dos mil años antes
de lo oportuno.
(1965)

DILEMA

Vivía
el Infierno
como una
amenaza
y el Cielo
como un
soborno.

ELEGÍA
(Para Jorge Vázquez, 1943-2007)

Cómo quisiera que la memoria
me trajera ahora mismo
el recuerdo
del momento preciso
de nuestro primer encuentro
en ese querido Santiago del 72.
Porque podría llenar pantallas
y páginas enteras contando
nuestras andanzas y charlas
de ese tiempo
de las gratas comidas con amigos
acompañadas
por el buen vino del país
y el humo constante
de los entonces
inevitables cigarrillos.
Porque todo lo recuerdo
casi como si lo estuviese viviendo
otra vez
ahora mismo
a pesar de los más de treinta años
transcurridos
y sin embargo no puedo
precisar ese instante
mágico y valioso
en que por vez primera
nos estrechamos las manos
y nos dimos un abrazo
para fundar esta amistad

que no se ha terminado
porque ahora hayas partido
seguramente
hacia el mismo lugar
desde donde hace 64 años
te fuiste
para llegar aquí
y comenzar a vivir:
intensamente
románticamente
políticamente
estéticamente
utópicamente
poéticamente
caóticamente
en el amor a la mujer
y en la amistad al hombre.
Ya llevabas
varios años en Santiago
cuando yo llegué
y me enseñaste
entrañablemente
a quererlo.
En el recorrido de sus calles
de sus librerías y museos
en los boliches
del mediodía y de la noche
comenzando por Da Carla
recibidos por la querida Gorda
que festejaba tu llegada
como una canción.

Porque todos los lugares
de Santiago
se alegraban con tu presencia.
Y recuerdo también
los muy queridos
almuerzos en tu casa
donde oficiaba de tío
en esa mesa fuerte y grande
de madera noble
presidida por la dulce Teté
con el centro frutal
y los platos generosos
en medio de las voces
cantarinas de los niños
todos nacidos en esos años
de esperanzas
tan pequeños todavía.
Por mi parte
transformé de inmediato
la burocrática oficina
cultural de Miraflores
en un gran *living*
que cerrada la jornada laboral
se abría a los amigos
para disfrutar de la música
de Buenos Aires
nerudeando la poesía
los buenos tragos
y la charla
recayendo inevitable
en la política

con nuestra loca
y vana pretensión
de no sólo comprender
sino además
modificar el mundo.
También recuerdo tu guitarra
y tu voz profunda a lo Falú
cantando mi zamba
Muchacha ausente
a veces desde la vereda
de la calle Merced
en reemplazo del aburrido timbre
para que yo bajara
y me uniera al grupo
en el viaje hacia la noche
que siempre terminaba
en un boliche amigo
de la Plaza de Armas
donde prácticamente
hacia las dos
o tres de la mañana
terminabas
dirigiendo la función
y lo cerrabas.
Recuerdo también
los viajes a Valparaíso
en ese castigado Torino
que tenías
porque Valparaíso
era una de las ciudades
más lindas del mundo.

Después nos acercábamos
a alguno de los buenos restaurantes
de Viña
para disfrutar de los mariscos
y el vino blanco
frente al Pacífico
azul y frío
más frío que el propio vino helado.
Cómo olvidarme
de nuestros vanos intentos
de convencer
a los demócrata cristianos
de que el golpe
si se daba
se los iba a devorar
transmitiéndoles
nuestras tan lamentables
experiencias
sobre golpes militares.
Yo que había nacido
con la caída de Yrigoyen
y vos con el golpe militar
del 43.
Otro de los recuerdos
que hoy atropellan mi memoria
es sobre lo lindo
que era llevar en lo baúles
de nuestros autos
todo lo que comprábamos
en Mendoza
para romper el desabastecimiento

que había en Santiago
llegando luego
a las casas
de nuestros amigos chilenos
con todo lo que venía faltando
para tener siempre
la vida completa
como si nada pasara
en medio del drama
que día a día
nos cercaba.

Después y de pronto
sin darnos tiempo siquiera
a reaccionar
te obligaron a irte
a dejar Chile
pero quedó
para después del 11 de marzo.
tu promesa de volver.
Y así fue que nos dejaste
a Víctor Fazio
a Jorge Las Heras
a Miguelito Almada
y a tantos otros amigos
esperándote.
Pero vino
el maldito septiembre del 73
con el trágico golpe
y finalmente
también yo me tuve que ir.
Pasó el tiempo

pasó la vida
y tardamos veinte años
para juntarnos en Chile otra vez
pero sólo a Gardel le pareció
que veinte años no es nada.
En cambio
nosotros supimos que era mucho
porque habían ocurrido
demasiadas cosas
buenas y malas
en esos veinte años
pero las malas te hicieron tanto
pero tanto daño
que hoy
que te fuiste
y esta vez definitivamente
sin la promesa de volver
sólo puedo entonces decirte
o confesarte
con los hermanos Expósito
también hermanos nuestros:
"Después, ¿qué importa del después?
Toda mi vida es el ayer que me detiene en el pasado.
Eterna y vieja juventud, que me ha dejado acobardado
como un pájaro sin luz".
(2007)

ELEGÍA A FERNANDO

Cómo te extrañan
las calles
Fernando
cómo te extrañan
las tardes
Fernando
cómo te extrañan
los niños.
Mercedes de San Luis
fue tu ciudad
y cuando corrías
por ella
parecías un muchacho
imitando a un perro
y eras
un perro-muchacho
Fernando
con una corte de amigos.
La luna puntana
plateaba tus sueños
sobre el patio
y el cielo celeste
Fernando
te inundaba de luz.
Los niños tironeaban
tus orejas
y también te tiraban de la cola
y cómo te apenaba Fernando
no poder partirte
para ser de todos

¿te acuerdas?
Y tu lengua generosa
nos despertaba
con pretensiones de baño
en las mañanas
y en las tardes de paseos
por el campo
descansabas tu fatiga
en los arroyos.
Todos los perros
envidiaban tu humanidad
pero Dios te miraba con dulzura.
Una ciudad te llora Fernando
y nosotros también te lloramos
cómo te extrañan
las calles Fernando
y las tardes y los niños.
(1952)

ELEGÍA A LOS ESTADOS UNIDOS DE AMÉRICA
(Donde no hubo piedad ni para
Martin Luther King)

Vengan a ver señores
el espectáculo más grande
del siglo.
Vengan a ver señores
en vivo
delante de sus propios ojos
para su propia
personal e intransferible

experiencia
el espectáculo más grande
del Mundo.
Usted que leyó la Historia
y tiene nostalgias
de Imperios acabados
vea cómo se derrumba
el último del siglo
delante suyo.
Vea este estupendo
paraíso
de los Estados Unidos
desintegrándose
cruzado
por todos los odios
cegado
por todas las furias
adulterado
por todas las mentiras
bajo el reinado de la Ciencia
la más alta Tecnología
y todos los capitales del Mundo.
(Es lo único que les queda
dijo el HOMBREUNIVERSALYETERNO).
Con las viudas de los asesinos
transformadas en estrellas
con las viudas de los asesinados
hechas vestales
con los hijos y las madres
fotografiados en los diarios
con los sucesores

y los hermanitos ambiciosos
trepándose
sobre los cadáveres expuestos
insepultos.
Vengan a ver señores
cómo los *gangsters*
a sueldo de las Extremas
tiran al blanco y al negro
desde las ventanas siniestras
de los baños
o los depósitos de libros.
Si se lo pierde
paciencia
no importa
después lo ve
desde su propio aparato
por televisión.
Escuche la Democracia Verdadera
de los Padres de la Patria
en el Senado
que fiscalizan e increpan
para el público a un secretario
de Estado
mientras las *maffias* deciden
quién manda
y quién se sienta
en el blanco sitial
después de las Primarias
y del Gran Carnaval.

Vengan a ver
el desfile de los graduados
inocentes todavía
que después se envilecen
y disfrazan
para la elección.
(Son unos payasos de mierda
dijo el HOMBREUNIVERSALYETERNO).
Vengan a ver
a los sobrevivientes de la lucha
a los que llegan al tope
sobre las úlceras y los síncopes
de los enemigos
que dejan viudas decrépitas
con sombreros
y una buena pensión.

Vengan a ver
a los puros del *Black Power*
de la *John Birch Society*
y del Ku Klux Klan.
A los idiotas del medio
que creen todavía
en este monstruoso
e inmenso país
víctima sorda
de toda contradicción.
Vengan a ver
a los hijos de los pobres
y a los hijos de los ricos
que odian a sus padres
por igual.

A lo delincuentes juveniles
de navaja y droga
melenudos y rapados
hippies y conformistas
productos todos
del mismo origen
y de la misma convicción.
Escúchelos:
–Quiero ir a Vietnam
–No quiero ir...
Haga la guerra
haga la paz
haga el amor.
Que nadie llore más
por Hiroshima
ya pasó.
Pero clamen todos
con justa rabia
y civilizada indignación
por los pecados políticos
que cometen los otros
los bárbaros de África
los perversos de Asia
los ilustrados de Europa
y los pobre exóticos
y criminales guerrilleros
de la América del Sur.
Vengan a ver
la debilidad de los pacifistas
la violencia de los matones
en el Pentágono

y la soberbia emocionada
de sus contradictores.
Vengan a ver
cómo el blanco mata
matemáticamente al negro
y el negro con furia
al blanco sin pensar.
Para quemar después
su propia casa
robando muebles y televisores
que no tendrán dónde ubicar.
Cómpreselos señor
cómpreselos baratos señor
cámbieselos
por un pedazo de pan.
Pero no se equivoque
la pesadilla que está viendo
por la televisión
desde su cuarto
ocurre quizá
en su misma casa.
La sirena del policía
o del bombero
que acaba de oír por la ventana
ya está en su propia pantalla.
Corra de la ventana
a la pantalla
de la pantalla
a la ventana
y si siente olor a quemado
huya ya

no mire más.
Vengan a ver señores
cómo el Presidente pide
luchar por la igualdad
contra el hambre
la pobreza
la enfermedad
en el país de los satélites
a la luna
de las casas con piscinas
de los millonarios del Mundo
dueños de todo Monopolio
pobres de todo Amor
de toda Libertad personal
esclavos de la Bolsa
del teléfono
del papel o del oro
de la bajas y las subas.
Coma con ellos
y un teletipo en el bolsillo
hable del *Income Tax*
planee sus vacaciones para el 70
en las Bahamas
pero no haga ningún proyecto
para hoy
porque la muerte corre
con la violencia de la mano
por las calles:
venganza por el negro que quizá
asesinaron
los que comen con usted.

(La puta madre que lo parió al que mató
a Martin Luther King
dijo el HOMBREUNIVERSALY ETERNO).
Ni en Sudáfrica mataron
al Premio Nobel de la Paz.
Sólo lo encerraron
hasta que murió
debajo de un tren.
Bobby Kennedy
el pequeño alpinista
lo vio
en una de sus etapas
de ascensión a la Montaña
y lo abrazó.
Señor:
¿qué dice?
¿qué hace?
–Estoy con el Presidente...
–Estoy con el Premio Nobel...
–No sea loco...
–No tire por favor...
–Lo mato por favor...
–Pase por favor...
–Vuelva otra vez
por favor
–Bienvenido por favor...
–Lo odio por favor...
–Buenos modales siempre
por favor...
–Buenos días buenas tardes buenas noches
en el ascensor

por favor...
-Cambie su auto...
-Ahorre...
-Asegúrese por favor...
-Acuéstese conmigo...
-Divórciese conmigo...
-Enférmese tranquilo...
-Viaje por favor...
-Use dentífrico...
-Vaya al s*upermarket*...
-Compre más barato hoy...
-Consuma electricidad...
-Instale su aire acondicionado
en invierno
que es más barato por favor...
-Sea práctico y creyente
ayude al Mundo
detenga al Comunismo
en cualquier parte
o haga algo parecido por favor...
-Feliz Navidad.
-Feliz Año Nuevo.
-*May I help you?*
-*Watch your steps.*
-Pase un buen fin de semana
alójese en un Motel
viaje en auto descubierto
y elija su *Funeral Home.*
Dijo la viuda-cuñada
que el que a hierro mata
a hierro muere.

(Pero al que vuela como una paloma
lo bajan del tiro al pichón
dijo el HOMBREUNIVERSALYETERNO).
Pero no importa
señores
vivan felices en este Imperio.
Ingenieros
Técnicos
Científicos
Turistas
del Mundo entero
vengan a pasear
o a vivir aquí.
Vengan también
los médicos
aunque después
los manden a Vietnam:
el mejor cementerio
el mejor hospital.
Basta ya de soñar
basta ya de fantasías
deje las rosas
los cielos claros
la tierra dura
las casas bajas
los patios
las calles empedradas
el aire
el sol.
Deje la vergüenza
de su poesía

y de su pueblo
por seis meses.
O mejor
déjelos para siempre.
Venga a los Estados Unidos
de América
obedezca las leyes del tránsito
pague los impuestos
y muera después
como una rata
o mate impunemente
que todo esto que le digo
está pasando
ahora mismo
hoy
aquí
ante mis ojos
en este paraíso
en este infierno
de la *American
Way of Life.*
(1968)

EL FIN DE LA AVENTURA

En cada atardecer
cuando un cuerpo dibuje
la forma de mujer
sobre el río y el cielo
en mi ventana.
Cuando los niños

fatiguen con sus rondas
el verde de las plazas
yo recordaré tu voz
y tu piel.
Música
poesía
pintura
humo de té.
Keats o Neruda
Matisse.
A mí no me gusta
es que tú no entiendes
escucha esta parte
Ya no
me cansé.
Y entonces se iba la tarde
¿te acuerdas?
La avenida
recibía
la vuelta de los coches
un edificio
defendía su blancura
y la Iglesia olvidaba sus torres.
Tú y yo
queriendo lograr la eternidad.
Después tus preguntas
tu risa
tu llanto.
–Cuando me vaya
seré más feliz
recordando que ahora.
–Entonces no me quieres.

–No lo tomes así.
Y de pronto
amanecía en el río
en el cuarto y en tus ojos.
Llegaba el nuevo día
y había una proclama
de rosas en tus hombros.
Así fue
hasta el fin de la aventura
como en Green.
Yo le daba tanto amor
y ella me daba tanto amor
que pronto
cuando todo hubo terminado
no quedó otra cosa que Tú.

ELLA

Era un húmedo deseo
una herida mojada entre sus piernas.

EL OTRO EXILIO

(A Tito Peralta, el primer exiliado que conocí en Suecia a poco de llegar, y murió a los pocos días, el 9 de septiembre de 1986)

Al fin se terminó Peralta
el largo exilio
para empezar
de vuelta

al principio
de todas las cosas
en las que tal vez
ni siquiera creías.

Pero total
qué importa
hoy
Peralta
lo que hubieras
podido
creer o no creer
ya que
lo único cierto
es que este exilio
este largo destierro
de diez años
se terminó
llevándose consigo
todas las dudas
que tenías
hasta aquella
lacerante
y obsesiva
de volver
o no volver.

Así nomás
te digo Peralta
y aunque ahora
no lo sepas todavía
esto se terminó.

Y te lo digo
y lo repito
porque quién
podrá saber
Peralta
si te diste cuenta
acaso
si ahora mismo
te das cuenta
de que te fuiste
otra vez
pero esta
fue la vencida
y para siempre.

Porque quién sabe
Peralta
qué sabemos
vos y yo
y nadie
de esas cosas
del ser
o del no ser.

Por esto
te digo y te repito
después
de haberte visto
tan suelto
Peralta
y tan formal
al mismo tiempo

con esa cosa
aindiada
y digna
que tenías.

Así nomás
te vi
te digo
cumplido
en tu visita
como los buenos hombres
de provincia
de esa tierra argentina
que dejaste
y de la que me hablaste
esa primera
y única vez
con fuerza
con nostalgia
y con cariño.

Pero con esa duda
dolorosa
acerca del futuro
o de tu espacio
en ella
tan inciertos
después
de tanto tiempo.

Como para todos aquellos
que se fueron
y después
no pudieron
o no se animaron
a volver.

Porque una cosa
Peralta
es el fin
del exilio político
y otra
poder volver.

Y no hacerlo
cualquiera sea
la causa
vos Peralta
lo sabés
puede ser
como otro exilio.

(Largos y tristes
se te fueron
haciendo los días.
Nunca
cada día menos
siempre cada día
más).

Pero ahora
que todo terminó
a vos te lo pregunto
Peralta
y a todos
les pregunto
quién les va a devolver
no digo ya la vida
pero sí
por lo menos
los años perdidos
quién te los va
a devolver.

Esos años
que un regreso
te hubiera obligado
aun sin convicción
por el perdón
o el olvido
a recordar
o a reclamar.

Quién te va
a devolver
Tito Peralta
hombre argentino
hombre del Sur
de la América Latina
quién te va devolver
esos años
sin destino

yéndote al Norte
mucho más al Norte
que Lavalle
sólo
para poder
sobrevivir.

Total
para que después
de tantas cosas
del cuerpo
y del alma
te viniera a faltar
justamente
el tiempo
para volver al Sur
y vivir entonces
de nuevo
plenamente
o aunque sólo fuera
para morir.

EL PEOR DE LOS EXILIOS

Estoy sobreviviendo
a todo lo que he amado.

EL SUEÑO DE LOS HÉROES

En un barrio viejo
de una ciudad lejana
y blanca
tuvo un encuentro
la otra noche
el argentino.
En una esquina difícil
a las tres de la mañana
en una calle ilegible.
Salió a pelear
porque del mar
venía un aire
que parecía del Río
dejó un vaso iluminado
una guitarra
el humo
una canción.
Después vio unas luces
y unas sombras
a los lejos
y no creyó más en nada
ni en su voz siquiera
puteando el asombro
extrañamente.
Después vio una hoja
de acero
y el azul de la noche
dividido.
La luna
como lámpara encendida

y las estrellas altas
cuando quedó tirado.
Pensó en su destino absurdo
en su muerte ajena
gratuita
anónima
segura.
En un final sin gloria
para un libro.
Después recordó Buenos Aires
su propio barrio
y oyó un tranvía que se iba.

EL TREN

De Washington casi al salir:
NEW SALEM
SUPER KING SIZE.
ONLY A FEW HOURS
FROM
THE SECOND SUMMER
PUERTO RICO
BAHAMAS
MEXICO:
EASTERN AIRLINES.
Baltimore hay que parar.
Afuera hace frío
cerca de la ventanilla también
y viene un túnel...
ya pasó.
Paredes y paredes

negras murallas modernas
sin recuerdos y sin héroes
salvo la cal o la tiza
o algún orín.
Humo
chimeneas
hilos y cables eléctricos
los mensajes iguales de todos los días.
Viejas estaciones de tren.
Tanques y tanques
casillas de zinc.
Y los árboles desesperados
del invierno y de las nieves
y los hielos de la última vez.
Más iglesias
más estaciones de servicio.
Dios y Petróleo
Petróleo y Dios.
Filadelfia
hay que parar,
después otra vez
filas largas de casas iguales
con esposas y comidas iguales
hechas de televisión.
Cementerios de autos
cementerios de hombres
que anduvieron en autos
todas las millas de los negocios
y de los fines de semana
hasta morir.
Puentes y carreteras

con costados de ríos helados.
Escaleras de incendio
sobre el ladrillo oscuro
en la espalda de todos los edificios.
Avisos
carteles:
WOMEN
MEN
LABOUR CLOTHES
FURNITURE IMPORTS
LOS FERROCARRILES INGLESES
SON ARGENTINOS.
Nosotros los compramos
con oro y demagogia
y ahora andan como el culo.
Pero las casas tienen todas
las escaleritas de cinco escalones
lo saben hasta los borrachos
ni uno más ni uno menos
ni uno menos ni uno más
ni uno más ni uno menos
ni uno menos ni uno más.
Ojalá que siga a esta velocidad.
Qué triste
que no se pueda abrir la ventana
nunca
ni en invierno
ni en verano
tal vez mejor
con calefacción y aire acondicionado
tal vez mejor.

Trenton
hay que parar,
y otro túnel
paciencia...
ya pasó y se hizo la luz.
¿Y para esto se hizo la luz?
¿Para esta sordidez se hizo la luz?
Negritos carbonizando la nieve
y los galpones tan sucios
tan grises.
Después leí Santa Fe
pero debe ser otra Santa Fe
sin el Paraná
seguro que es otra
no la nuestra.
Newark
hay que parar
y ahora tomó velocidad
y me cambió el ritmo.
Vi centenares de cajones
miles de cajones
millones de cajones
con la madera podrida.
Ramas y ramitas
de los árboles en los pueblos
sin una ramera
para alegrar la noche
hasta que llegue el día.
Es difícil saber entonces
si uno vuelve o va
salvo la tristeza que es igual

y siempre va.
New York
casi al llegar.
(1968)

EN BUENOS AIRES

Fue besarse
al borde de la ciudad
junto al río
oyendo las voces
de los trenes
y los barcos
y las calles.

A lo lejos
las luces del Atlas
y del Comega
y la Torre de Luna
y horas
en la Plaza San Martín.

Fue en Buenos Aires
a orillas del río
y las tardes andadas
y los libros.

Fue olvidarse
de una biblioteca
cerca del Cabildo.

Fue besarse
al borde de la ciudad
soñando el amor
en agua de río.

ENIGMA SIDERAL

¿Tus pecas eran estrellas?

ENUMERACIÓN

Plaza San Martín
con su Torre de Luna y Horas
y las ventanas iluminadas
mirando el "Río inmóvil".
Más allá las palomas
en la Plaza de Mayo
y las estanterías cargadas
de libros bajo la calle Rivadavia.
También dos velas azules
en un departamento 12 bis
y un domingo en tu casa.
Haberse enamorado
en este paisaje de ciudad
poblado de voces junto al Río.
Haberse besado al borde
de las verjas
jóvenes los dos

en un mundo de millones de años
y de hombres bajo el cielo
sufriendo y amando
desde Adán hasta la Parusía.

ESAS COSAS

Después
de tanto tiempo
olvidado el amor
olvidada la risa
la piel
la voz
tengo ganas
de llamarte
por teléfono
y preguntarte
esas cosas
sin sentido
tan tiernas
tan tontas
¿cómo estás?
¿cómo te va?

ESAS GANAS...

Esas ganas
de verte todos los días
de contarte cosas.

Esas ganas
de compartirlo todo
hasta el pasado
que se ha transformado
sin vos
en un tiempo
proustianamente perdido.

Por eso te llevo
hasta las calles
y las plazas
de mi infancia.
Por eso también
te traigo la música
los libros
las fotos del pasado.

O hasta las cosas más pueriles
y otras más
que vienen del alma
como los seres queridos
que se fueron para siempre.

Porque yo sé
que te hubiera gustado conocerlos
pero ya
no te los puedo presentar.

ESA TARDE, LA PRIMERA

Te fuiste tan pronto
esa tarde
la primera en que te vi.
Más pronto aún
que la tarde misma.

Pero de algún modo
te quedaste en mí.
Con promesas
de lecturas
y de posibles
futuros encuentros
con ese
nos hablamos
que siempre nos decimos
y pocas veces cumplimos
los argentinos.

Pero con vos
sería muy distinto
porque había
aunque ignorado
algún misterio unitivo
entre nosotros.

Y por eso
te quedaste en mí
con esa mirada suave
que tenías

que no desmentían
el énfasis de tu voz
ni tu cuerpo
de niña y de mujer.

ESO QUE SE LLAMA ETERNIDAD

No dejes
que lo malo
del pasado
se asome
a nuestros días.
Porque
lo que haya sido
tu karma
del mal amor
de aquellos años
ya terminó.
Por eso
nos encontramos
tan mágicamente
pero nunca antes
sino
en el preciso momento
en que era posible
nuestro amor.
Por eso también
estuve solo
por años
aun sin saberlo
esperándote.

Y ahora también
ha terminado
mi propio karma
de soledad
y desamor
para comenzar
con vos
una irrenunciable
misión de amor
y de reparación.
Con el pan
y el vino
compartidos
con los buenos amigos
con la música
los viajes
y los libros.
Con nuestra
profunda intimidad
y sólo un presente
de amor
de pasión
de ternura
de entrega exclusiva
y complicidad
total.

ESTAR CON VOS

Pero hoy
estoy con vos
con todo mi ayer
y tu ayer.
Para todo tu mañana
y el mío.

ESTO QUE LLAMAN VIDA

Andar los patios
las calles
y las plazas.
Soñar todos los sueños
imposibles de los hombres.
Arreglar el mundo
buscar la vocación.
Querer hacerlo todo
para un día descubrir
que no se puede.
Gastar los apuntes
para aprobar un examen
y después
postergarlo por un mes.
Discutir la noche larga
de humo y de café
con el último libro
bajo el brazo.
Descubrir el amor
vestido de verano.

Imitar los gestos del hombre
escondiendo alguna timidez
el no saber.
No creer en fracasos
estar seguros de mañana
de la próxima vez.
Decir blanco
decir negro
afirmar o negar rotundamente
el no definitivo
el sí por siempre.
Quedarse en el perfume
en el deseo
sabiendo de la flor
que se olvidó en un libro.
Tener todas las tardes
pobladas de colores
un teléfono amigo
para planear los días.
Entrar de pronto en la vida
abruptamente
y seguir siendo el anterior.
Querer y no querer.
Jugar a darse entero
sin ser dueño de uno mismo
todavía.
Empezar a tener
memorias o recuerdos
de un colegio
de una muchacha
de una infancia.

Hacerse el tipo serio
conocer la ambición.
Mostrarle a una mujer
rincones y paisajes
cercarla con poemas
rendirla de conciertos
besarla por los parques
pasearla por museos
y olvidarla al fin
en una almohada
cuando todo pasó.
Buscar otros asombros
decir cómo se quiere
queriendo ser querido.
Repetir las historias
diez veces y otras más.
Caminar nuevas calles
en país extranjero.
Llorar alguna muerte
y pensar en la propia
por primera vez.
Suponerse maduro
al fin y al cabo
pese a algún sobresalto
de volver a creer.
Mirar de nuevo el cielo
y contar las estrellas
volver como si nada
a cualquier joven soñar.
Las palabras iguales
los mismos gestos

la propia dimensión
de la voz
en el amor.
Vivir la ilusión
algunos meses
entristecerse
cuando la realidad se da.
Dejándonos sin nada
para volver a empezar.
Casarse
divorciarse.
Saber de un modo cierto
que un día también
la vida cesará.
Recordar caminos
la radio de un auto
cines
un cuarteto de jazz
La habitación de un hotel.
una ventana
un barco
el mar
el río
un tango
la ciudad
los hijos
una mujer.
Angustiarse
sintiendo el cuerpo vivo
la piel
que un día cesará
y saber

recién entonces
que todo esto
puede ser la vida
de un hombre
desde el comienzo
hasta la última ceniza
esa que vuela al viento
desde cualquier cementerio
después de las flores
después de los discursos
después de los adioses
después de los amigos.

ERA ESPACIAL

Y son tantos
los hombres
que todavía
no han visto
realmente
un árbol.

EVAPORACIONES

La luz
evapora el oxígeno
el día la noche
la muerte la vida
el tiempo
el amor.

EXILIO DEL AMOR

Yo supe
de muchos exilios.
Casi un experto
me hice
en eso
de exilios
y exiliados.
Hablé con tantos
y tantos
en el exterior
que no pude
finalmente
dejar de escribir
o de hablar mucho
sobre ellos:
en libros
en diarios
en las radios
o en TV.
Contando
de sus cosas
de sus largos
y tristes días.

También
supe por ellos
de exilios políticos
profesionales
económicos
y hasta

exilios del hartazgo
a veces:
por un enorme
cansancio moral.

Pero ahora
sé también
de otro exilio
nunca nombrado.
Tal vez
ni siquiera
considerado
como tal.
No obstante que
como los otros
tiene que ver
con los afectos
las ausencias
o el dolor.

Y este exilio
que sólo se da
por no poder verte
aunque apenas
se trate
de un tiempo
muy corto
lo crean o no
es también
otro exilio
el del amor.

EXPLICACIÓN DE LA FIDELIDAD

Pude serte fiel
no sólo por haber gozado
de tu cuerpo
de tus gestos
tan dulces
de tu expresión
fascinante
sino también
por haberme asombrado
ante el profundo misterio
de la existencia autónoma
y extraña
de tu vida total.
Pude serte fiel
a pesar
de que de todo ello
sólo tuve un ilusorio
y fugitivo escorzo
proyectado tal vez
por mi propia imaginación.
Pude serte fiel
seguramente
porque nunca separé
en mi relación con vos
el deseo del amor.

FIN DE AÑO

Dicen algunos
que el lugar no importa
que el lugar es donde uno esté.

Pero ¿qué pasa cuando faltan los otros
esos otros que tanto queremos
y que están en otro lugar?

En ese lugar que es también el nuestro
en ese lugar que es el único
el único que al fin importa
porque lo tiene todo:
los amigos y la geografía de la mano
más lo vivido y la memoria.

Entonces
el lugar importa
y no es donde uno esté
como dicen algunos
sino donde uno es amor y tiempo
donde uno es uno
con los demás.

FUERA DE LA CIUDAD

Cuando estamos juntos
fuera de la ciudad
nos arreglamos
con muy pocas cosas.

Pero siempre gozamos
de todo lo nuevo
de la buena comida
y del buen vino.

Hasta que rendidos
volvemos
y ya nos quedamos
el resto del día
entre música
lecturas
la charla permanente
programas de televisión
que vemos o no
ya que tal vez dormitamos.

Y cuando nos acordamos
volvemos a comer.
Pero entre unas
y otras cosas
nunca nos olvidamos
de hacer el amor.

FUNDANDO UNA CIUDAD

Fue hace muchos años
en el mismo hotel
tal vez en la misma habitación.
Pero claro está
yo solo
sin vos.

Una semana entera
la última del año
con sus noches
y sus días
mirando el Cerro
el puerto y el Río
que después viera
ya de otra manera
más sentida
y más querida
tantas veces con vos.

También años más tarde
de aquella semana entera
volví al mismo hotel
y allí me quedé
todavía sin vos
bastante más de un mes.

Entonces
al salir cada mañana
comencé a fundar
todas las calles
de la Ciudad Vieja
con plaza y Catedral.

Y por las tardes
todas las playas
del río-mar
hasta recalar por fin
sobre la Rambla
de Punta Carreta

en un apartamento
cuyo edificio
llamado Calypso
tan loco y divertido
como sus jóvenes dueños
cambiaba todos los días
de nombre y apariencia
para volver a empezar.

Después
se dieron las noches
de música y boliches
lugares de trasnoche
como el viejo Moroni
para comer.
Bares de argentinos
mateadas en pensiones
modelos importadas
bibliotecas
librerías de viejo
cerca de la Facultad.
donde nació *La cumparsita*.

Pero todo eso
viviéndolo sin saber
exactamente para quién
ya que
muchas muchachas
quisieron entonces
parecerse a vos
pero se ve que no pudieron
porque cuando te conocí

vos no te parecías
a ninguna de ellas
no sólo de allí
sino
a ninguna muchacha
del mundo.
Y ninguna
absolutamente ninguna
se había parecido a vos.

Sólo entonces
y justo en ese mismo momento
supe por qué había fundado
todas las calles
las plazas
y las playas
de esa Ciudad:
únicamente para poder un día
vivirlas
y compartirlas con vos.

GARDEL EN NUEVA YORK

No se trata
de vivir en el pasado
ni de sentir
una nostalgia permanente.
Pero ocurre
que si uno vive
tan al Norte
de este americano

Continente
siendo como es uno
sureño de nacimiento
y para siempre
en una fecha
como la de hoy
se mezcla Buenos Aires
con San Juan
de Puerto Rico
Caracas
y Medellín al final
ya que fueron estas
las últimas ciudades
que no sólo
lo oyeron
sino que además
lo vieron cantar.

Pero de pronto
aunque sea cierto
que veinte años
no es nada
en una fecha
como la de hoy
un solo día
es tanto
como la vida entera
porque esta mañana
la radio latina
de Nueva York
me despertó
con su voz

que hace ya mucho
que calló
pero sigue
cantando para siempre
sólo para que
nosotros
podamos también
seguir siendo
como somos
argentinos para siempre.

Aun aquí
en la ciudad
de las rubias
las "rubias" de Nueva York
en Broadway
y la 42
o en otra esquina
cualquiera
del mundo.

Porque eso
lo aprendimos
hace muchos años ya
con las primeras letras
en alguna escuela primaria
del país
y yo lo supe
por vez primera
esa noche
del 24 de junio de 1935
en que la muerte

una dimensión
todavía para mí
desconocida
me fue
personalmente revelada
por el mágico
y costoso deletreo
de ese título
catástrofe
inmenso y negro
de la *Crítica 6ª*
que decía:
"MURIÓ CARLOS GARDEL".

HOTEL COLONIAL

Fue una nueva salida
hacia un refugio
de amor e intimidad.

Y elegimos
esta vez
una pequeña
una histórica ciudad
a orillas del Paraná
fuente de su memoria.

Modesta ciudad
San Nicolás
con un increíble
y deslumbrante hotel
de estilo americano
y como su nombre
Colonial también.

Yo quería
con ella compartirlo
porque lo había conocido
en todo su esplendor
y años después
en su desértico abandono.
como una metáfora
perversa tal vez
de lo que le pasó al país.

Pero ahora
ya estaba de vuelta
por sus fueros
resurrecto
al estado anterior
como la vez primera.

Y allí felices
en amor llegamos
para comenzar
a recorrer
esa ciudad-pueblito
de San Nicolás
para seguir luego

bordeando el Paraná
hasta la fuerte Rosario
de clásicos edificios
arboladas avenidas
y su parque eterno.

Con un enorme sueño
de bandera
viviendo la costa
desde modernas alturas
y el río bajando
marrón
hacia su estuario.

Pero toda esa belleza
vivida
y mirada por ella
lo cambiaba todo
porque era un modo
de recrear
de fundarlo todo
para que yo también
pudiera volver a verlo
como una primera vez.

Y después
como siempre
entre nosotros
la diaria alegría
del pan y el vino
antes de volver
a nuestro Colonial hotel.

Para decirnos
para contarnos
cómo era el amor.
cómo es el amor
cómo será el amor.

IN MEMÓRIAM

El 25 de diciembre
de 1965
Adriana Riva
que sabía de la vida
mucho menos que nosotros
supo de la muerte
mucho más.

INQUISIDORES Y REPRESORES

Como recuerda Umberto Eco
en *El nombre de la rosa*
hay varios indicios probatorios
que permiten reconocer
a los partidarios de la herejía:
Visitar
por ejemplo
a los herejes
cuando se encuentran
en prisión.
Lamentarse pública
o privadamente

de su apresamiento.
Haber sido sus amigos
aunque sostengan luego
que nunca advirtieron
la herejía.
Sostener
que las condenas
son injustas
a pesar
de haber sido demostradas
–como sea–
sus culpas.
Hablar mal
y criticar
a quienes los persiguieron.
Venerar
o recordar
con emoción
a los herejes muertos.
O haber escrito
libros
que eventualmente puedan
haber inspirado
el nacimiento
o contribuido
al desarrollo
de algunas herejías.
Porque a los inquisidores
y a los represores
no les interesa nunca
descubrir a los culpables

sino más bien
torturar y matar
a los sospechosos
o acusados.
Así eran las cosas
durante la Edad Media
en Europa.
Y así también lo fueron
siglos después
en nuestra Argentina
durante los años
de la dictadura
llamada Proceso.
Según dijeron
inquisidores y represores:
"Para mayor gloria de Dios".

ITINERARIO

Ojos anchos
soledad de voces
y de esperas
y de pronto
tan pronto
todo.

Como
si hubiese sido
antes
desde siempre.

Viendo el azul
y el verde
y todo el aire.

Debajo
de la noche
fue esa mezcla
de hombre
y de paisaje
que te di.

Con aviones
rompiendo cantos
iluminando pistas.

Luego
la espera
los besos
con el vino
en los labios
todavía
y después
el amanecer
en tu cuarto
de hotel
ventana al mundo.

Y amar
hacer el amor
amar amar
hacer el amor.

JUNTOS

El aire
el mar
el cielo
la noche
el día:
juntos.

El sol
la sal
en tu piel
en mi piel
y con los besos:
juntos.

Y en las tardes
del barco
inventadas
como un juego
adolescente:
juntos.

Todo
lo quisimos
el amor
la música
tu voz
mi voz
la risa
el llanto:
juntos.

Tu ciudad
mi ciudad
la nuestra
hasta la nueva
en otro
continente
que la fundamos:
juntos.

Y ahora
esta distancia
tremenda
que la sufrimos
que la tenemos
juntos.

LA LIMOSNA

Un niño triste
y pobre
a su lado
otro
llorando.

Sucios
sin zapatos
dos niños
pobres
tristes
llorando.

Es fácil
dar la moneda
irse tranquilo
silbando
sin ver
al rato
la misma tristeza
el mismo llanto.

LA LUZ

Todos sabemos
que el poeta-filósofo
murió
pidiendo luz
más luz.
Y todo el mundo
habla hoy de la luz
Pero nosotros sabemos
que la tan famosa
luz
no es otra cosa
que la sombra
de Dios.

LA PARTE QUE FALTABA

Es cierto
que un hombre
no se baña
dos veces
en el mismo
río.

Pero también
es cierto
que un río
no baña
dos veces
al mismo hombre.

LAS CARTAS

Vida
No sigo más.

Dejo esta carta
quiero dormir
años
hasta verte.

LAS CIUDADES PROMETIDAS DEL AMOR

Así como te di mis libros
para que recorrieras
todos los ámbitos de los sueños
y los delirios de mi juventud
más los intentos de amor
de mi primera madurez
también te llevé
a esa vieja casona
para que vieras
los patios de los juegos
de mi infancia
y el viejo rosedal.

Después
quise mostrarte
otras ciudades queridas
como Montevideo
y Nueva York
para refundarlas en vos
a través de nuestro amor.

Así como ahora
necesito llevarte
lo más pronto posible
a París
para que con vos a mi lado
vuelva a ser París
porque allí encarné
en realidad
cientos de noches

de lecturas hasta el amanecer
reconociendo
los escenarios
de tantas historias
y tardes de cine
de relojes enteros
de cafés
discutiendo desde Platón
hasta Sartre
desde Rilke
a Baudelaire.

LAS COSAS PERDIDAS

Yo sé
que podré seguir
escuchando música
viendo todos los cielos
y todos los paisajes.
Yo sé
que podré seguir
sentándome a las mesas
para charlar
para beber
para comer.
Pero todo esto
con otros
o solo
ya sin vos
será como la diferencia
que hay

entre la vida
y la fotografía
o entre la alegría
que me dabas
compartida
y esta tristeza
de ahora
que bordaste
dulcemente
para mi definitiva
soledad.

LAS ESTACIONES Y LOS HOMBRES

Las estaciones
siempre se suceden
en todas partes
pase lo que pase.

Así se acerca
el otoño
a Nueva York
cuando ya el aire
tibio y en flor
de primavera
invade el río
y las plazas
en Buenos Aires.

Los hombres
también se suceden
en todas partes
pase lo que pase.

Aunque sea
la muerte
lo que pase.

Pero a veces
son otros los hombres
distintos
como las estaciones
en cada ciudad.

Entonces
nos quedamos lejos
sin amigos
con los colores
el recuerdo
una canción.

Y esas fotografías
fijas como postales
para siempre.

Pero son tristes
las risas retratadas
de aquellos
que ya no van
a reírse
nunca más

porque se fueron
tan lejos
que ni siquiera
podrán llorar.

También quedan
las cartas
ya mudas
de viejas
por lo que tardan
incluso
la de ayer
en llegar.

Quedan padres
y madres
en fotos amarillas
o coloreadas.

La familia completa
con los hijos
a toda edad.
(Uno es la memoria
de todo
y todo es el olvido
de uno).

Después
vendrá el invierno
y el verano
otras ciudades
decenas de aeropuertos
días y noches

en aviones
hasta que el sueño
y el cansancio
sean ya
muy grandes
inevitables.

Y uno quiera
entonces
acostarse
en el medio
de la patria
para siempre
con la cabeza
al Norte
los brazos extendidos
al este y al oeste
para mojar una mano
en el vino
y otra en el río.
Los pies
sobre la inmensa
Patagonia.

Y así esperar
rendido
definitivamente
bien estrellada
la noche
como capilla ardiente.
Perdonado
y bendecido
por la Cruz del Sur.

LA SOLEDAD

Esa locura
poblada de fantasmas.

LA TARDE

Qué lindo
es ver
recortarse
un tren
sobre la luz
de la tarde
llevándosela
en sus ventanillas
y en las puertas
quién sabe
adónde.

LA ÚLTIMA VERSIÓN DE MARTA
(A Marta Lynch, in memóriam)

Qué búsqueda atormentada
y aparentemente incomprensible
en los últimos tiempos
para que todos te apoyaran
diciéndote que era bueno lo que hacías.

Qué búsqueda compulsiva
antes
de seducir e inventar
y hasta creer
que te dejabas seducir.

Qué búsqueda de cielos
por las calles arboladas
de ese barrio silencioso
a la vera del tren
que te vio crecer.

Qué absurdos esos días de tu niñez
y la ansiedad adolescente
que se te fue quedando adentro
para siempre.

También después
cuando llegaron los tiempos
de la calle Viamonte
con los bares y las librerías
cercanas
a la vieja Facultad.

Porque ya eras
demasiado vital
para conformarte simplemente
con esas lenguas eruditas
y muertas

entre restitutas y declinaciones
mientras la palabra hecha grito
recorría las calles
con fervor.

Pero tampoco la política
o el poder
y ni siquiera el amor
no obstante lo intensos que fueran
te resultaban suficientes:
eran tan cortos para vos
tan inevitable su fugacidad.

Entonces supiste al fin
que de lo único que podías
adueñarte con libertad
y para siempre
era de esas infinitas
páginas en blanco
sobre las que podías día a día
dar testimonio
repiquetear y fantasear.

Así fue como empezaste
a contarnos todas las cosas de tu vida
porque ya tampoco te bastaba
pura y simplemente vivirla
sin más.

Tenías que decirla
cambiarla
inventarla o confirmarla.
adecuarla a tus fantasmas y obsesiones
regalársela a los otros
por si acaso no tenían vidas propias
que vivir.

También supiste entonces
justamente cuando todas las cosas
comenzaban a resultarte
fáciles o posibles
que lo único inalcanzable era eso
que solemos llamar felicidad.

Después
fue la angustia
otra vez
la lucha siempre perdida
por detener el paso del tiempo
viendo además
cómo con él se iban
todas aquellas cosas queridas
que no se pueden ya más recuperar.

Fue entonces tal vez
cuando los cielos se acabaron
y te pasó por dentro ese viejo tranvía
que muy argentinamente recorría
la calle más larga del mundo.

Ya habías dado toda la vida que podías:
no te quedó otra cosa que morir.

LA VIDA BREVE

Yo sé
que seguiré
viviendo
en este mundo
de los hombres
a través
de tu memoria.

Pero
cuando vos
me olvides
cuando vos
te vayas
cuando vos
no estés
¿qué quedará
de mí?

LAS MUCHACHAS

Fueron tantas
las muchachas
que intenté
amar
buscándote
antes
de conocerte
porque todas
seguramente
querían

parecerse
a vos.

Pero cuando
te conocí
vos no te parecías
a ninguna
y ninguna
se había parecido
a vos.

LITERATURA Y VIDA

Como no me dejaste
seguir viviendo
nuestro amor
tuve que resignarme
a esto
que ahora hago
(de acuerdo
a las prescripciones
de Todorov)
que es escribirlo todo
contártelo.

Total
no importa
el arte es largo
la vida breve.

LO IDEAL Y LO REAL

Sólo conocemos
de verdad
las cosas y situaciones
que hemos dejado
atrás.
O por lo menos
aquellas
cuyos límites
aun sin haberlos
traspasado
hemos podido tocar.
Y es por esto último
más que
por lo primero
que comienzo
recién a distinguir
en lo que fue
nuestro amor
lo ideal
de lo real.

LO QUE CAMBIA CUANDO UNO NO ESTÁ

Le contaron
en la noche ajena
de ese rincón tan suyo
ahora cerrado
ahora otro lugar.
Y se quedó entonces

con las horas borradas
memoria de voces
y de copas
el lugar del humo
de los sueños
el sonido del piano
que sólo cesaba
con las primeras luces
de cada amanecer.
Recordó también
esas cortinas viejas
pesadas
que guardaban
perfumes baratos
de coperas
y toda la humedad
de su ciudad.
Ese rincón de la noche
donde sus palabras
eran pura verdad
que sólo moría
con el agua de las mañanas
en su cara
reflejada
con asombro en el espejo.
Antes
pensaba que nada
podía haber cambiado
que todo seguiría
esperándolo igual
como una lámpara

al final de un sueño.
Ahora le contaban
de las calles
de las casas
de las gentes
diferentes
de los hombres
viejos
de los niños
hombres.
De esos desconocidos
por quienes no sabía
cómo preguntar
y que a fuerza de verlos
día a día
habían sido casi sus amigos.
De cualquier muchacha
esperada en una mesa
con el trago impaciente
y los cigarrillos fumados
con la mirada en el reloj.
Ahora sabía
que no se puede partir
impunemente:
Uno se va recuerdo
y queda hecho olvido.
Uno es la memoria de todo
y todo es la memoria de nada
la vida nueva
en la que ya no se está
en la que ya no se es más.

Ahora sabía
que si se deja de ser
presencia
quedan las sillas vacías
el mostrador de un bar
las calles sin pasos
las mesas sin manos.
Queda una muerte pequeña
la muerte que es vida
en otro lugar
una traición indolente
con la cena cotidiana
del exilio
o del destierro.
Es que a cierta altura
de la vida
no se puede ya más
abandonar las ventanas
dejar teléfonos mudos
para siempre
una libreta
con números perdidos
el paisaje
y la mirada divididos.
Porque ya
a cierta altura
de la vida
sólo se puede ser
uno
realidad
alegría

dolor
siempre verdad
en un solo lugar
en el propio país
en la propia ciudad.

LOS ACTOS ACADÉMICOS

Todo servía
para tratar de verte
para estar a tu lado
de cualquier manera
como fuese.
Pero era todo
tan absurdo
eso de ventilar próceres
abrumar sus retratos
y memorias
con discursos
anualmente repetidos
reiterados y copiados
de cien libros
y tan largos
como el siglo.
Y las bandas
estruendosas con los himnos
pobres himnos
y las presentaciones engoladas.
Claro está
que las viejas casas
eran bellas

con sus patios
abiertos bajo el cielo
y ese aire
tan digno de la tarde
que de pronto
se filtraba de la Historia.
(Pero esas son las cosas
que se sienten muy adentro
en el silencio
sin ceremonias y sin fechas).
Y luego la gente
tan pesada
tan retórica
con su charla intrascendente
con sus expectativas
puramente personales
o con sus mocasines
increíbles.
Otros actuando
como si todo fuera cierto.
Y yo allí
para estar cerca
sólo por verte.
Y esto
que era lo único
que de vital
podían tener
esos actos
académicos
tampoco
ya a nadie le servían:

A los próceres
porque hacía mucho
que habían muerto en el olvido
ni a nosotros
porque ya no sabíamos
con el amor
qué hacer.

LOS DÍAS SIN VOS

Ya se ha hecho
muy difícil para mí
imaginar el mundo sin vos
las calles sin vos
la música sin vos.
Hasta la lectura
se ha hecho ya distinta
sin vos.

Ni qué decir
de comer y beber
que son dos cosas
que tanto disfruto
compartir con vos.

Y no hablo
de hacer el amor
porque sin vos
ni siquiera
existe el amor.

Por eso te cuento
que son tan opacos
esos días en que no te veo
y me los paso esperando
tus llamados
o tus mensajes.

Porque me desespera pensar
que por cualquier razón
no pudieran llegar.
Y entonces sólo quiero
que por fin amanezca
el día siguiente
ese día en que te pueda
volver a ver.

Y así mientras lo espero
van pasando lentas
las horas
de esos largos días
tristes sin vos
vacíos sin vos.

LOS GERANIOS

Fue tan lindo
subir
a Los Geranios
llevado por vos
a visitar
tu nueva casa

con ese balcón
mirando
las montañas
recortadas
sobre un intenso
cielo.

Sentir
cómo cambiaba
el aire
mientras tu auto
tomaba curvas
tras curvas
con esa seguridad
que le dabas vos.

Hasta pasar
por ese
pequeño lugar
como una plaza
cajita de bohemios
o de artistas
y luego
muchas más vueltas
para que yo
me perdiese
como siempre
hasta llegar.

Y estar allí
con los tuyos
y algunas
de tus cosas
y algunos
de tus cuadros.

Poder
ver al fin
con vos
el paisaje
y todo
lo que me contabas
veían tus ojos.

Oírte hablar
en familia
jugar
con todos ellos
y beber:
esa fue
la primera vez.

Y hubo otra
también
después de Oriente
con una larga
película del viaje
y los Muppets
en TV
y hasta un plato
cocinado por vos.

Después
nunca más
pude entrar
a Los Geranios:
es que había
extraviado
el pasaporte
de tu amor.

LOS HOMBRES QUE ESTÁN SOLOS

Yo no sé
si no quieren comprenderlo
si nos están mintiendo.
No sé realmente
si no saben
que ya no hay solución
que la Historia se niega
a darnos su salida.
Yo no sé
qué pasa ahora:
corren los ministros
por el Mundo
visitan a sus colegas
fundan Mercados Comunes
piden asistencia
firman todos los tratados
dan explicaciones
al Banco Mundial
al Fondo Monetario
al CIES

al CIAP.
Apelan a la NATO
a la SEATO
a todas las siglas posibles
inventan otras nuevas.
Todos se reúnen
todos discuten hoy
hacen discursos
preparan informes
estudian encuestas
usan computadoras
pero sigue el hambre
la enfermedad
la muerte prematura
para los dos tercios
de la humanidad.
Y la infelicidad
y la falta de amor
para el Mundo entero.
No quieren comprender
que no hay salida.
Dividieron al Mundo
en dos sacos intensos:
el Mundo "Libre"
y el Mundo Comunista
con el mito
de la gran felicidad.
Mientras tanto
se pudren los hombres
en cárceles políticas
se mueren de tedio

en departamentos de colmena
o en la promiscuidad
de las villas miseria.
Se matan en Vietnam
y la guerra entra
por un televisor
hasta el *living*
desde un satélite
hasta la propia cama.
Todos los diarios
publicaron la foto
de ese muchacho de Asia
con el revólver
del Jefe de Policía
cerca de su sien.
Su cara tensa
los ojos cerrados
esperando el dolor
caliente y estruendoso
de la bala
que iba a reventarle
su cabeza.
La foto de ese muchacho
que esperaba con miedo
con miedo humano
con miedo animal
con un miedo registrado
por la maquinaria
de la Prensa Internacional.
Pero no importa
nada importa.

Sigan de ese modo
y de otros
buscando soluciones
inventando fórmulas
todas falsas
aplicándolas con fuerza
y prepotencia
de bombas
o de ideologías.
Pidan la paz
hagan la guerra
sueñen con el *Black Power*
los negros
o con la exterminación
las mafias de revólver
las mafias de *black tie*
o las camarillas blancas
del complejo bélico industrial.
Reúnanse en *cocktails*
en comidas
en conferencias
en congresos.
Usen del veto
en la ONU
de la intervención
en la OEA
o no los usen:
todo será igual.
Y pobres los hombres solos
que se cansen
de esas dictaduras

de esas mistificaciones
o del supuesto bienestar.
pobres los hombres solos
que pretendan
un mínimo de verdadera libertad:
la interior
la del espíritu.
Pobres los hombres solos
que busquen una verdadera alegría
una verdadera paz
un legítimo amor.
Sólo recibirán diatribas
odios
desprecios
desde abajo
desde arriba.
Serán los débiles del Mundo
los malditos de siempre
el alimento
de los rinocerontes de la Política.
de los monstruos ejecutivos
de las Grandes Empresas.
De los dueños y señores
del Arte hecho Mercado.
Pobres esos hombres
los hombres solos
que no quieran transitar
las calles señaladas
que quieran detenerse
en las esquinas
para encontrarse en una cita

con la Vida.
Pobres esos hombres
los hombres solos
que quieran todavía
seguir viviendo como hombres
hoy
todos los días.
(1968)

MAÑANA ES NOVIEMBRE

Mañana es noviembre
en tu ciudad
y no parece todavía
que este otoño
que se va haciendo día a día
más invierno
pueda poner en marcha
nuevamente
el calendario inmóvil
de tu amor.
Mañana es noviembre
en mi ciudad
y no parece sin embargo
que esta primavera
que se va haciendo
día a día
más verano
permita convencerte
de nuevas estrellas
y de flores

recién nacidas
para tus cielos
y tus parques.
Pero de todos modos
nada ni nadie
podrá impedir que mañana
sea noviembre
en nuestras ciudades
para vos y para mí:
para los dos.
Porque no se olvidan de crecer
las manzanas
en los manzanos nunca
pase lo que nos pase.
Y como todo lo que pasa
queda irremediablemente atrás
cuando mañana sea noviembre
algo habrá terminado
dentro tuyo
más allá de lo vivido
y la memoria:
ya lo sabrás.
(1977)

MAÑANA SERÁ MARZO

No te sirvió noviembre
muchacha
para saber de las cosas
más profundas
de tu alma.

Y mañana es marzo
con los comienzos
del otoño
en mi ciudad
y las fragancias
de la primavera
en la tuya.
Y aunque
vos sigas creyendo
que el calendario
de tu amor
sigue detenido
en las horas
antiguas del reloj
de lo vivido
y la memoria
el paso incesante
de los soles
y las lunas
de las estaciones
y los días
y las noches
irán marcando
tu ser entero
con un tic tac
inexorable
que no podrás
un día soslayar.
Por ello
te repito
una vez y otra

aquí
en tu ciudad
antes de partir
al sur
para la mía
que a pesar
de que el invierno
sobre nuestros surcos
continúa
la primavera
ha hecho ya
explosión
en las estrellas.
(1978)

MÁS ALLÁ DE PAUL GERALDY

El yo sin el tú no vive
pero el tú sin el yo no existe.

MENDELIANA

Antes
el viejo ADÁN
era de barro.
Ahora
el nuevo ADN
es de ácido:
¿qué puede
esperarse de mí?

MIENTRAS TÚ CRECES

Otoño
en Buenos Aires
pero tú creces.

Las hojas caen
pero tú creces.

Mujer
mucho más
que antes
mujer
siempre total
pero tú creces.

Ya fue verano
ya fue invierno
y primavera
y ahora es otoño
en Buenos Aires
pero tú creces.

Mi amor está
latente y dado
quizá no entero
todavía
si la mujer
es como tú
total.

Yo sé
que son las cosas
de este mi tiempo
la incertidumbre
los recuerdos
la angustia
siempre
del esperar
del no saber
de mi país
de mi ciudad.

Porque yo soy
como las cosas
con las cosas
las cosas mismas
ya son mi piel.

Pero yo sé
y tú comprendes
ésta es mi vida
mientras tú creces
y así es tu amor
amor de espera
que yo asumo
muy lentamente.

Pero así y todo
este es mi amor
que es para ti
si yo maduro
mientras tú creces.

MISMIDAD

Quiero que sepas
que eres el mismo
que allá en Flores
cuando niño
usaba delantal
y moño azul
de pintas blancas.

MIS TARDES PARA TI
(En los alrededores de la Facultad de Derecho)

Murmullo de río
ciudad lejana
veleros de la tarde
humo y luz.
Yo camino
y me lo llevo todo
porque sin mí no es.
Y vienen los hombres
ven los estanques
y toman su té.
Y hablan
hablan
y no dicen
y se mueren.
Los colores se prestan
los niños se van.
Se me vacía entonces
la voz de mentiras

y encuentra la medida de mi ser.
Y hay campanas lejos
pero tañe el aire
y cuadros que crecen
en ventanas de espera
y las columnas blancas
y otra tarde más.

MIS TIEMPOS

Mi presente
de hoy
y de cada día
será mi pasado
de ayeres
y mi futuro
de mañanas.
Por eso
como ella
es mi único
y exclusivo amor
en mi presente
de hoy
y de cada día
también lo será
en mis ayeres
del pasado
y en mis mañanas
del futuro.

MONTEVIDEO

También tuvimos el Río
el de ellos y el nuestro
desde la ventana
más Cerro y puerto
y esa plaza tan desguarnecida
frente al hotel.

La vieja casa de Gobierno
casi maqueta
y lo que quedó de la recova
más el Palacio Salvo
como nuestro Barolo
erguido de costado.

Y el héroe silencioso
que de tanto en tanto
recibe coronas diplomáticas
y las flores de los escolares.

Después se abre
de un lado
la Juliana avenida
y del otro
a través de la todavía
subsistente
histórica puerta
la Ciudad Vieja.

Y todo eso es para mí
el palpitante corazón del Montevideo
que tanto quiero
y que por amarte
te hice compartir.

MUCHACHA DE NOCHE

Música
y noche
tu vida
pero te gusta
el día
¿no es cierto?

No temas
estás conmigo
quizá alguna vez
ello no ocurra
y se dé entonces
la noche entera.

Pero falta
mucho todavía
no temas.
Para nosotros
siempre habrá
luz en las calles
siempre habrá
primavera
en las estrellas.

Para nosotros
para tus días
no temas
siempre habrá
cielos.

MUCHACHO *CHÉ*

Qué lástima grande
no haberte conocido antes
o cuando te fuiste al menos
dejándonos atrás
con nuestros sueños dulces
y nuestras polémicas de humo.

Nos quedábamos solos en las mesas
sin saberlo
llenos de juventud
con la fuerza frustrada
y una victoriosa vanidad.

Vos te levantaste
y te fuiste muchacho
dejándonos las calles
los cafés vacíos
y las bibliotecas
para recordar.

Qué lástima grande
no haber adivinado tu desprecio
y esa parte vital que tenía tu verdad.

Pero de nada valieron entonces tus palabras
ni tu llamado en grito loco y fiero.
Estábamos sordos
éramos tan pobres
nos sentíamos tan ricos.
Sólo sabíamos de las cosas por los libros
y creíamos que todo era posible
desde nuestra sangre joven
caliente y sin mundo todavía.

Después
vinieron los años de la vida dura
y las vidrieras destrozadas de los niños
mientras vos crecías muchacho
y crecías
serio y lejos.

Lejos de nosotros
y de los tuyos
que ya no te importaban tanto
y quizá tenías razón.

Nosotros seguimos en las calles
y en las mesas
luego en las oficinas
en los consultorios
en las bancas
y en los despachos oficiales.
La cama y la comida calientes
el techo blanco

sin estrellas
sin azul
y te olvidamos
por suerte te olvidamos.

Seguramente el asma te había matado
que era lo mejor
para olvidarnos de nosotros mismos.
Después fue el oprobio
de saberte vivo
amanecido
como un insulto
resurrecto.
Guerrero en las batallas de la Isla
en las selvas
y en las sierras
victorioso.
Ernesto Che Guevara
Comandante.

Luego quisimos explicarnos a nosotros mismos
quisimos explicarte.
Nos vimos brevemente en Buenos Aires.
Pensábamos distinto
queríamos igual.

Pero la teoría
no era lo importante
sino la vida
y esta la tenías

tremenda
auténtica
viva
plena.

Después no pudiste aguantar las alfombras
y vino el silencio
otra vez
el largo mito
el misterio
hasta hoy
que se acabó del todo en Bolivia
con tantas balas en tu cuerpo
para empezar eterno.

Ahora sólo queda
del hombre viejo que fuiste con nosotros
muchacho
un diploma inerte
y del hombre nuevo que sos
y para siempre
tu vida-muerte
heroica
grande
fértil.
(1967)

MUJER TOTAL

Luz y mármol
como diosa griega
y no sabías llorar.

Atravesamos
las calles
las estrellas
el mundo
era cristal.

Yo venía
sufriendo
desde el primer
hombre
toda la historia
en mis venas
en ti
buscaba la vida
elemental.

Y naciste
mujer
cuando pinté
de cielo
tu mirar blanco
y viste
tu cuerpo
y la eternidad.

Y todo tuvo
que ser simple
y cotidiano
para que supieras
que el mundo
había sido hecho
para tí.

(Porque todo hombre
ha perdido
una mujer
de su costado
hice esquina
con Dios
una mañana
y te encontré).

Tierra virgen
luz y cuerpo
yo presiento
mi sangre
en tu seno
mis manos
sólo sabrán
de ti.

NEOPORTEÑOS

Retiro
trenes
ruido Buenos Aires
lindo Buenos Aires.

Buscar hotel
pensión
trabajo
se dice *laburo*:
Clarín
la Plaza Italia
el baile
Enramada
en Flores
también.

Basavilbaso
abajo
y el Parque
Japonés.

Los bares
aparatos
monedas
y vino
más vino
Tormo cantor.

Alto
lindo Buenos Aires
con teléfonos
para llamar
para salir
a Palermo
el verde
Olivos
Balneario
piletas
Ezeiza:
domingo
en Buenos Aires
quedarse
no volver
nunca
nunca más.

NEW YORK, NEW YORK

Vos sabías
que después de Buenos Aires
es Nueva York
la ciudad que más quiero.

O por lo menos
algunos recuerdos
de amigos
ya lejanos
y de mi vida profesional allí
me lo hacen sentir así.

(Porque a veces no se sabe
dónde empieza la verdad
ni dónde termina la fantasía).

Pero desde el *Village*
y *Battery Place*
desde *Wall Street*
hasta los *Cloysters*
todo te mostré.

Especialmente
San Patrick
Sacks
Tiffany
en la Quinta Avenida.
La vuelta a la Isla
y el puente de *Brooklyn*
Las Naciones Unidas
el *Bronx* y *Riverdale*
sobre el *Hudson*
donde yo viví
a sólo veinte minutos
de *Time Square*.

Y la placita cerrada
en *Grammercy Place*.

Porque yo te había contado
todas esas cosas
que vos habías visto
alguna vez
pero casi sin ver.

Y te había hablado
de toda esa magia
y esa energía
que era para mí
New York.

Tan estimulante
para nuestros sueños
para nuestra creación.

Tan parecido
a nuestro amor.

NIÑA TÚ

Niña
cielo
mar
tú
así.

Triste tú
como partir
como llegar.

Niña
sentirte
en barco
tan lejos
mirar tu llanto
y no saber
por qué.

Es de noche
¿sabes?
cielomar
duerme
niña tú.

NIÑOMAR

De niño
se bañaba
en el mar
y sus ojos
eran
de ese color.

Y jugaba
con el agua
como si fuese
otro niño.

Y un día
para poder
jugar siempre
eternamente
el otro niño
se lo llevó.

NO SÉ

También
un piano ayer
al final
con nuestro
cansancio.

Música
sobre nosotros
sobre ti
música
y yo.

Hoy
café y té.

Catedral cerca
y dados
golpeando
aburridos
la mesa
del bar.
Rivadavia el 500

es Buenos Aries
también
la Plaza
de las campanas
y las palomas
es Buenos Aires.

Tus ojos
frente a mí
y mi amor
frente a ti.
Fueron
muchas horas
lejos
ahora
el tiempo vuela.

Recuerdo
la calle Uruguay
y es de tardenoche:
¿Te quiero?

NUESTRO AMOR

Los libros
siguen
en sus estantes
y nuestro amor
crece.

Ahora aquí
luego tú sabes.

Angustia
a veces
pero nos gusta
tanto.

Víspera
de Reconquista
es hoy
y arriba
la Plaza de Mayo
estará de fiesta
iluminada.

Y nuestro amor
crece
nuestro mundo
crece.

Un mundo
de ideas
de cosas
cotidianas
un mundo viejo
y nuevo
renacido
en amor.

Un mundo
una ciudad
con trenes
y plazas
y calles:
Viamonte
Uruguay.

Qué casas
húmedas.
Más
siempre.
Te quiero
en Buenos Aires.

NUESTRO TIEMPO
"Los hombres de nuestro tiempo... dedicados a la lectura de diarios y a la fornicación...".
Albert Camus

Estados Unidos
busca
una solución pacífica
para la crisis
de Corea del Norte
y ha sido
reformado
el régimen de anticipos
de los impuestos
a los réditos
en algún país.

Pero el hombre
se acordó de Marcela.
Entonces
se ampliaba la brecha
entre Cuba y la Unión Soviética.
Y aún se confiaba
en hallar los sumergibles
francés e israelí
cuando un sector de su ciudad
volvió a anegarse
y Raúl Castro
formuló una severa crítica
a la política soviética.
El hombre
marcó el número
de María Martha
mientras el Papa Paulo VI
estrechaba la mano
del profesor Christian Barnard
y se cerraba el concurso
para la privatización
de la petroquímica
en la Argentina.
Leyó también
que al día siguiente
enviarían fondos
para pagar
al personal del Estado
y que 11 empresas
se presentaban al llamado
Internacional de SEGBA.

María Martha tenía
un compromiso
y decidió llamar a Beba.
Mientras tanto
se enteró
de 51 alzas y 16 declinaciones
en la Bolsa
lo que marcaba
una positiva orientación
de los valores privados.
Recordó
que su amigo Marcial
le dijo
que la economía
estaba degradando
el lenguaje de la vida
robándole
a la psicología
hasta la palabra depresión.
Pero estaba más activo
el futuro a corto plazo
y la cotización oficial
seguía igual.
Los sábados
casi todas tenían programa
pero marcó el número de Estela
mientras se consideraba
el problema de cereales
en los puertos locales
y proseguía
el Campeonato Nacional

de Vuelo a Vela.
Leyó luego que en París
se recordaba a Saint-Exupéry
y que aquí se disolvía
el Instituto Nacional del Té.
Hubo medidas de prevención
en la ribera
debido a la Sudestada
y en un recio choque
murieron dos personas
menores de edad.
Con Carmen
iba a perder la noche.
No obstante
la Misión del Fondo Monetario
reanudaba su labor
y regresaban de otra ciudad
los funcionarios del Banco Mundial.
Quizá
fuera mejor
ir a ver el amistoso
de la noche
entre River y Huracán.
De pronto murió en Brasil
un ex canciller
y renunció el Ministro de Gobierno
de San Luis.
Cristina pidió que la llamase
por la tarde
ahora quería dormir.
Ella ni sospechaba

del incendio de la tienda
o del asesinato de un cobrador.
También
asaltaron un banco
era verano
y la gente se moría de calor.
Hubo torneos de canasta
reuniones
beneficios
en las playas
y casamientos en esta Capital
habiendo causado profundo pesar
entre el círculo numeroso
de sus relaciones
el fallecimiento
de doña Fulanita de Obras Pías
y 76 años de edad.
Al fin tendría que ir
al cine y solo
pero insistió con el número
ocupado de Marcela
y esta le dijo que sí.
Ya tenía entonces
el día salvado y pleno:
había leído todos los diarios
y se iba a acostar
con una mujer.

NUNCA MÁS

Ellos amaron el dinero
el poder
y la violencia
por sobre todas las cosas.
Odiaron
a sus prójimos
como a sí mismos.
Ellos tomaron
el Santo Nombre de Dios
en vano
y con sus hipócritas
presencias
mistificaron
y corrompieron las fiestas.
Deshonraron
a sus padres
y a sus madres.
Ellos mataron.
Todos sus actos
hasta los aparentemente
legítimos
fueron impuros.
Ellos robaron.
Y levantaron
falsos testimonios
contra mujeres
niños
y hombres
inocentes.
Ellos mintieron.

Desearon y poseyeron
con violencia
a la mujer del prójimo.
Ellos codiciaron
y se apropiaron
de los bienes ajenos.
En nombre de la moral
y de la Patria
violaron todos y cada uno
de los Mandamientos
de la Ley de Dios.
Pero al fin
pese a su omnipotencia
y al escepticismo
de muchos
fueron legalmente
juzgados
por la templanza
y prevalencia
de los hombres justos.
Ahora
tendrán que cumplir
largamente
o de por vida
sus condenas.
Que así sea.

OTOÑO EN CASA

Un almendro
una jarra
de bronce
un otoño
un *living room*
en Atenas.

Escuchando
a Piazzolla
las horas caen
y todo parece
Buenos Aires
con ese color
tan lindo
y transparente
de las tardes
en las plazas.

PAISAJE

El verde
bajaba
por las rocas
y crecía
en la montaña.

Descansaba
en el agua
y se extendía
al mar
Sostenía
el azul
y empezaba
el cielo.

PÁJARO DEL DÍA Y DE LA NOCHE
(A Horacio Amallo, in memóriam)

Fue un sábado
de luz y frío
el día elegido
para guardar
tus plumas
en un nido.
Pájaro del día
conversador de bares
hacedor de geografías.

Todos volamos
hacia el Sur
acompañando tu viaje
a una insólita
morada suburbana.
Pájaro de la noche
lector de enciclopedias
buceador de destinos.

Aves blancas
y negras
rondaron la víspera
hasta el alba
para salir
con las pálidas caras
como tantas otras
noches de café
pero esta vez
mojadas.
Pájaro del día
litigante forzado
fundador de esquinas.

Hubo muchas horas
hace años
compartidas
jornadas agobiantes
de oficina.
Pájaro de la noche
consejero moroso
confesor requirente.

Largas discusiones
de tesis doctorales
disputas
sobre el amor
la Lógica de Hegel
las Pirámides
la política
el Azar
o la Necesidad.

Pájaro del día
y de la noche
fumador de nostalgias
inventor de misterios
trotador de ciudades
frecuentador de calles
bandera al viento.

Ahora que probaste
el poder ilimitado
la armonía absoluta
y la eterna duración
de volar
sin astrolabios
hasta la última Galaxia
ya sabrás
con certeza
después de la vida
y de la muerte
del dolor irreparable
por tu ausencia.
Aunque nos veas
inmutables
con la pequeñez
de siempre
hacer las cosas
de siempre
en esta tierra
de siempre.

PERCEPCIÓN

La ventana
daba a la noche
en la ciudad
y sus luces
titilaban
como estrellas
por el viento.

PERIODISTA DE ALMA

(A Ignacio Ezcurra, que se despidió de
mí en Washington DC antes de partir
para morir en mayo de 1968)

Quiso hacerle
un reportaje
a la muerte misma
pero esta
se lo hizo
a él.

PLAZA SAN MARTÍN I

En la orilla del mundo
frente al río
bajo las estrellas
y aquella llovizna tenue
azul.
La Torre

de Luna y Horas
y esos pequeños mundos
detrás de las ventanas
iluminados:
tú y yo.

PLAZA SAN MARTIN II

A veces no podíamos
creer en tanta paz
con tanto silencio.

Como si la ciudad
y hasta la gente
hubiesen dejado
de existir.

Entonces
nos levantábamos
y nos acercábamos
a la alta ventana
para ver si todo
era como antes.

Si la Torre
de Luna y Horas
estaba todavía.

Si todo
como nuestro amor
seguía igual.

PLAZA SAN MARTÍN III

Hacia el Norte
y al Oeste
la ciudad.
A veces
de azul y luz.
Frente a vos
hacia el Este
el río.

Otras
de sueño y marrón.

Entre una
y otro
yo
en vos.

PLAZA SAN MARTÍN IV

A espaldas
de Buenos Aires
detrás
de una ventana
mirando el río.

Algún día
miraremos
Buenos Aires
desde el río
¿te gusta
la Torre
de Luna y Horas?

POEMAS HEGELIANOS

El derecho de propiedad
es la propiedad del derecho.

La fuerza de la legitimidad
es la legitimidad de la fuerza.

LA QUINTA JOSEFINA

Fue
un cumpleaños
y el cielo
muy mediodía
sobre el balcón
sobre el sillón
sobre las plantas.

Ya jugaban
a las cartas
como todos
los domingos
en tus casas.

Luego el almuerzo
tan rico
y tan volando
que pasó
sin saber yo
cuál era el apuro
ni de quién.

Tu madre
que no se sentaba
la abuela
que no llegaba.

De nuevo
las cartas
y vos
que me pedías
me quedara
a tu lado
para darte suerte
que era la excusa
para que yo
no me sintiera
solo
con ese cuidado
generoso

que siempre
me otorgabas
en cualquier situación
cuando visitaba
tus casas.

Recuerdo
las escaleras
y la terraza.

Y el intento
de siesta
en tu cuarto
que me desvelaba
por el hecho
de estar
en tu propia cama.

Y es que también
me llegaban
las voces
del juego
a veces tu propia
y aniñada voz
las risas
de tus hermanas
los ladridos de Bobby.

Y yo
miraba tus muebles
tus ventanas
y todas tus cosas:
no sé
amontonadas
o desparramadas.

De pronto
entrabas
y me mirabas
para saber
si dormía.

Y en algún momento
me dormí.
(¿O soñé que me dormí?)

Fue
un cumpleaños
en San Bernardino
tan arbolado.

En tu cuarto
alto
en tu propia
cama
estando vos
tan cerca
me dormí
en vos.

DESPEDIDA A DOMINGO ESCOBAR

Como sureño
siempre desbordado
por la alegre vitalidad
musical y vocinglera
de tu ciudad
y de tu gente
encontraba en vos
(y perdoná el "vos"
de mi jerga porteña
y no el buen "tú"
español de tu tierra)
encontraba
te decía
con cierta sorpresa
tu calmo tono
apacible
diferente
de tu hablar despacito
y moderado
que era
como una marca
de tu vida.
Dibujada
con una suerte
de armonía
derivada
tal vez
de la arquitectura
que seguramente
te había dado

una visión
estética y espacial
del mundo
y de la vida.
Padrazo dedicado
juguetón
y fervoroso.
Bebedor lento
bailarín conspicuo
contemplador
de hechos y personas
familiero inevitable
querible
y afectuoso.
Quiero decirte
finalmente
que de haber nacido
en mi país
hubieses sido
triste y cordial
como suelen serlo
los buenos argentinos.
Y yo te despido
con el pesar enorme
de no haber
tenido tiempo
ni vidas compartidas
porque realmente
me hubiera
gustado mucho
ser tu amigo.

Pero siento igual
con enorme tristeza
que te hayas ido
con el mismo dolor
como si lo hubieras sido.
(2012)

SE ACABARON LOS TRUCOS

Cada vez que envidabas
en el juego
o en el amor
te dije
quiero.
Ahora
que ya no hay juego
ni hay amor
nada reclamo
para mí
de vos.
(Ni cartas pido).
Sólo una cosa
te ruego
no de vos
hacia mí
sino de vos
hacia vos.
Para decirlo
claramente
que hagas algo
por vos.

SIN DÍAS YA

En este otoño
los trenes de las tardes
se cruzarán buscándonos.
Y no querrán las veredas
sentir mis pasos solos.
Niña tú
me habías poblado
de alegría el mundo
pintado los días
dibujado el amor.
(Los jazmines del portón
antiguo
tenían un niño
vestido de blanco
y lo perdieron).
La tierra estará húmeda
y yo sé que habrá para mí
llantos
hojas secas
oraciones.
Yo sé que habrá para mí
un jazmín eterno
y unas palabras
sacrificando el bronce.
(Tú guardaste un jazmín
y no lo amaste).
En este otoño
campanas y palomas

llorarán tu ausencia.
Y los trenes de las tardes
se cruzarán
buscándonos.

SI YO PUDIERA

Si yo pudiera
expresarte todo mi ser
en un instante
con palabras
música y color.
Darte mi vida entera
traspasada de recuerdos
poblada de infancia
y de amor.
Si yo pudiera
triste en las tardes
cuando el sol se va
como si el mundo
se apagara
ser feliz.
Si yo pudiera
despertar con vos
por las mañanas
mirando el mar
o el río
y desandar los caminos
hasta encontrarte
en cualquier parque
de mi ciudad.

Si yo pudiera
contarte sin olvidos
todos mis sueños
y esperanzas
repetir las voces
que escuché
desde un llanto lejano
una primera vez.
Si yo pudiera
llevarte conmigo
hasta el pasado
y traerte de la mano
hasta ayer y mañana
como lo hago hoy.
Si yo pudiera
ser libro
vino
canción
hombre y paisaje
todo el tiempo
para siempre
y para vos.
Si yo pudiera
encontrar la medida
del mundo
en tu ser
de mujer
y no quisiera
entonces
otro destino
ni otra libertad

que la de verte
hablarte
tenerte
y no deseara
ya más.
Si yo pudiera
vivir sin gloria
sin poder
sin amigos
y sin siquiera
un poco de soledad.
Si yo pudiera
reducir mi dimensión
de hombre
o crecer
hasta tu grandeza
de mujer.
Si yo pudiera
todo esto
que te digo
seguro llegaría
con vos
hasta el final
el final verdadero
grande
irremediable
y no a este adiós
prematuro
que nos damos

con reproches
tristemente
desolados
hoy.

SOBERBIA

Como
todo lo comprendía
viviéndolo
cometió un día
el error
de querer
entender la muerte
y se mató.

SOBRE TUS MANOS

Biblioteca
y campanas
de reloj.
Estamos juntos.
Arriba
la calle
la vemos
desde dentro
sus gentes
que pasan
sin sabernos
y tu calor

a mi costado.
Toda la vida
así.
No hay tiempo
nada
sólo tú y yo.
Con amor
infinito
en tus ojos.
La mesa dura
color madera
y los lomos
de viejos libros
de ideas
antiguas.
Es un refugio
amorestudio
estudioamor.
Afuera
el cielo
estará azul
aquí
hay lámparas
y la luz cae
sobre tus manos
tibias.

SÓLO ES VÁLIDO EL AMOR

Entre nosotros
sólo es válido el amor
porque nada fuera de él
nos representa
o puede hacernos sufrir.
No importa lo que sea:
una palabra
una duda
un acto cualquiera
o un mero cansancio
del cuerpo
la falta de sueño.
O un malestar
que no sea
conscientemente vivido
y contado
para el resguardo
y la seguridad del amor
se transforma
entonces
en lo no querido
doloroso
negativo
no buscado
o polémico
y sin sentido.
Porque
debemos comprender
y aceptar
definitivamente

que lo nuestro
tan milagroso
y misterioso regalo
no llegó de cualquier lugar
sino nada menos
que del propio
e infinito Universo
como lluvia de estrellas
para mojarnos
de vida y amor.
Pero así también
como todo lo metafísico
y extraordinario
no obstante su fuerza
es frágil o delicado
y al encarnarse
en la Tierra
debe ser tratado
no de cualquier manera
sino con especial cuidado
para que ninguna palabra
ningún gesto
ninguna duda
ninguna discusión
pueda dañarlo.
Porque nació
de un encuentro marcado
como un destino
de amor irreversible
de entrega total
del uno al otro.

De unión absoluta
y exclusiva
para completarnos
como hombre y mujer
mujer y hombre
para ese logro
tan poco común
que siempre buscamos
y llamamos:
Felicidad.

SU MUERTE PROPIA

Pobre
qué muerte
sórdida
con las uvas
en la cama
y tantos
años de lucha
tantas
cosas perdidas
a través
del tiempo.
Y esa última
semana
tan larga
y los recuerdos.
Sola

pobre
ya sin asombro
con las uvas
en la cama.

SU RISA

Su risa
era como
un archipiélago
de alegría
y luz.

TALENTO FEMENINO

Le dijo
que él estaba
jugando
dentro de ella
como un niño
en una habitación
antigua.
Y que ella
tenía todavía
muchos sentimientos
frágiles
que quizá
él pudiera romper.
Y que por eso
quería otorgarle

toda la libertad
del mundo
pues ese era
el único modo
de sacarlo
de sí misma
dándole un espacio
más amplio
para jugar en él.

¿TE ACORDÁS?

¿Te acordás
cuando hace
un tiempo
vos eras vos
y yo era yo?
Después
nos traspasamos
las vidas
y fuimos yovos
y vosyo
con la alegría
de un mundo
nuevo
con la esperanza
de todo amanecer.
Después
te fuiste
con todo
el mundo mío

y yo me quedé
con toda
tu tristeza
y seguimos
así
sin sabernos más.
Pero ya
nunca volví
a ser yo
sólo yo
ni vos
a ser
sólo vos.
Nos quedamos
con algo adentro
de cada uno
de los dos.
Por eso
así divididos
y alienados
fuimos perdiendo
día a día
toda música
todo paisaje
todo libro
todo cielo
toda canción.
La tierra
el mar
y el río.

En fin
toda felicidad
toda ciudad
todo el amor.

TESTIMONIO DE AMOR

Frente al amor
a nuestro amor
yo no quiero
emplear nunca
la soberbia
o el orgullo
sino la comprensión
y la ternura
además
de la verdad.
Y cuando llegue
al final
de mi vida
lo único
que habrá contado
será entonces
la entrega
exclusiva
que te haya dado
y que de vos
haya recibido.
Así
en mi viaje
de retorno

al Cosmos
lo único
que me lleve
será tu amor
por mí
y lo único
que deje
será mi amor
por vos.
Porque este
encuentro
tan únicamente
nuestro:
el más inesperado
regalo de la vida
me dio también
el último
verdadero
y único
sentido final
que fue vivirla
con absoluta
entrega
y pasión.
Pero
como el amor
no es algo
que sucede
sin más
sino algo
que estamos

creando
e inventando
cada día
y todos
los días
de nuestras vidas
deberemos
por ello
renunciar
a nuestros miedos
y vivir
por sobre todas
las cosas
esta maravillosa
mágica
y hasta sagrada
oportunidad
que misteriosamente
se nos brindó.

THANKSGIVING DAY

Qué suerte la nuestra
tener todos los años este día
para poder
decirte gracias mi Dios
por los infinitos bienes
recibidos
por nuestro pueblo

en este territorio
de los Estados Unidos
de la bendita América del Norte.
Gracias mi Dios.

Gracias
por el nuevo modelo
de auto que me diste
y por el del 68 que voy a merecer.

Gracias
por las rebajas de Macy's
y por el tapado de visón
que le pude comprar
en 24 cuotas
a mi mujer en Nueva York.

Gracias
por la invitación del presidente
de la compañía
a viajar en su auto
aquella vez con su chofer.

Gracias
por las computadoras del Amor
para mis hijos
y por las que me informan
en qué *County*
deberé ahora vivir.
Gracias mi Dios.

Gracias
por las máquinas
que me dan cambio
y Coca-Cola que refresca mejor.

Gracias
por habérmelo programado todo
desde mi nacimiento hasta mi muerte
sin excepción.

Gracias
por ahorrarme
la libertad y el esfuerzo
de pensar
la idiotez de soñar
o el martirio de amar.

Gracias
por evitarme
el decidir ya casi nada
salvo algún programa de televisión.

Gracias
otra vez mi Dios
por no haber muerto yo en Corea
y por las leves heridas
de mi hijo
que fue a Vietnam y ya volvió.

Gracias
por el hambre
que no sufrimos
como los dos tercios
de la población mundial.

Gracias
por la Democracia rediviva
en la existencia de los *hippies*
y por el *Apartheid* en Sudáfrica
que nos hace parecer mejores.

Gracias
por las pestes
el analfabetismo y la pobreza
que no tenemos
del Asia
del África
y de la América del Sur.

Gracias
por el olvido de Hiroshima
y por el recuerdo permanente
del nazismo
y de los campos de concentración.

Gracias
por la ineficiencia de la ONU
y de la OEA
Gracias mi Dios.

Gracias
por el fracaso de la Alianza
para el Progreso
por el de los monstruosos guerrilleros
y por la Panamericana excusa de Fidel.

Gracias
por los *riots* del último verano
y por el fracaso de la integración.

Gracias
por Johnson
nuestro presidente
que no es un genio
ni un estadista
ni un héroe
sino un gran hombre medio
como yo.

Y gracias
finalmente mi Dios
por todo lo bueno que recuerdo
y por todo lo malo que olvido
en este *Thanksgiving* de hoy.
(1968)

TIEMPO DEL HOMBRE Y DEL NIÑO

Eras tan igual a mí
jugando cuando niño
en esa plaza
que me quedé inmóvil
mirándote sorprendido.

Y no tenía casi dudas
de que no eras otro
que yo mismo.

Aunque realmente no sabía
cómo podía observarte.

O mejor dicho
cómo podía mirarme
desde afuera
mientras vos retratabas
como en una serie
de viejas fotografías
todos y cada uno
de mis gestos.

Tanto así
que poco faltó
para que yo te preguntara
en un momento por tu nombre.

Pero tuve tanto miedo
de oír precisamente el mío
repetido
desde tu propia voz
que preferí partir.

Sobre todo
porque también recordé
que mis hijos me esperaban
y tenía un largo camino que andar
para volver.

Aunque al irme de la plaza
asombrosamente
no estaba tan lejos de mi casa
sino a una cuadra de distancia.

Y al llegar
ni siquiera hijos tenía.
Sólo una abuela que como todos los días
cocinaba.
Un padre que nunca estaba.
Y unas tías y una madre
que no habían vuelto todavía
de llevar las flores
a sus muertos.

TIEMPO PERDIDO

Me contaron
que se pasó
la vida
buscando
tu Arco Iris
y resultó
que ni siquiera
tenías cielo.

TU CUERPO

Yo recuerdo
su valle
su lago
sus montañas
sus luceros.
Todo eso tenía tu cuerpo.
Yo recuerdo
su mar
su campo
y su selva.
Más una mancha
diminuta y solar
que no tuve tiempo
de borrar.
Tu cuerpo
era guitarra
territorio de música
y de amor

geografía de mis manos
y mis besos.
Tu cuerpo
expulsó al invasor.

TU PIEL

Al acariciarte
tu piel se hace
cada vez más tersa.
Después
se moja
cerca del valle
donde corre tu arroyo.

UNA BANDERA SIN ESPERANZA

Un cuadrado
simulando un cielo
donde cada Estado
es una estrella.
Y después
alternándose
franjas de hipocresía
y franjas de sangre.
(1968)

UNA CANCIÓN ESPERANZADA

Dice Nietzsche
que supo de locuras
como nadie
que siempre hay
un poco de locura
en el amor
pero que también
hay siempre
un poco de razón
en la locura.

Y esto es
lo que yo trato
buenamente
que ella comprenda
y sepa recibir de mí
para que podamos tener
un amor profundo
exclusivo
y verdadero.

Un amor
que se olvide
de pasados
un amor
que no tema los futuros
porque juntos estamos
tratando de instalarlo
en la gracia permanente
del presente.

Ya que es
el presente
el único tiempo
el único tiempo real
que podemos vivir
o sea el hoy
de cada día
porque el pasado
para siempre
ya se fue
y el futuro
ni siquiera
podrá ser
si ella y yo
no lo inventamos
hoy.

Entonces
yo le digo a ella:
desterremos
para siempre
los ayeres
y tampoco esperemos
los mañanas
para poder gozar plenamente
este sagrado presente
que tenemos hoy
colmándolo de amor
y de ternura
como una canción esperanzada
cuya melodía
podamos escuchar

y compartir
al infinito
bañados de luz
de su luz y de la mía.
Entre dos
para los dos.

UN AMOR SIN LÍMITES

No quisiera
que me lleve
toda la vida
borrar
tus dudas
tus fantasmas
las pequeñas
tormentitas
de tu corazón.
Pero si mi amor
no lo lograse
será mía
la falta
y no tuya.
Así
por eso
no cesaré
de rodearte
mimarte
cuidarte
con pasión
y dulzura

traspasando
todo límite
si fuese necesario
todos los días
de mi vida.
Incluso
aceptando
aquello
que no tenga
sustento
ni tal vez
razón.
Así
entonces
cuando me pidas algo
te lo daré
y cuando
tu corazón
me hable
de alguna pena
lo escucharé
para calmarlo
o sanarlo
dándole
más amor.
Haciendo
lo que nunca
supuse
que haría
a esta altura
de mi vida

o yendo
donde nunca
hubiese ido
o vuelto.
Y todo eso
o lo que sea
tan sólo
por verte feliz.
Porque sé
también
que nunca
querrías
que yo fuese
otro
que el que soy
ya que es a mí
a quien querés
como soy
y como voy siendo
quizá
cada vez mejor
gracias al amor
que vos me das
y al que yo te doy.

UN SOLO MINUTO

Si se diera
un solo minuto
universal
despojado

de maldad
la Tierra
se poblaría
de ángeles.

VAMOS

Sobre
Buenos Aires
en el Comega
con luces
de río
y esa blanca
y colorada
chimenea.
Ya parpadean
las estrellas
y esos ojos
tuyos
tan amplios
tan tuyos.
Bajando
tu boca espera
y el negro
y gris
a cuadros
de tu pollera
cubre tus cosas
mis cosas.
Tú piel
y tus manos.

A lo lejos
rodeándonos
desde nosotros
las casas
los parques
y las calles
de nuestros pasos
perdidos
en vida
y en amor.
Todo nos espera.
Sólo nosotros
sabemos andar
las tardes
y los días.
Sólo nosotros.
Tu boca espera
todo espera.
Vamos.

VALOR DEL AMOR

Aunque vos no lo sepas
ese espacio de sueños
que fue nuestro amor
tramado
en la más exigente intimidad
de tu ciudad
le ha agregado al alma
otro pequeño valor.

25 DE MAYO EN EL EXTERIOR

Cientos de miles
y miles de argentinos
buscamos
los colores en el cielo
que cubría
cada lejana ciudad
para tratar
de embanderarnos
en el día de la Patria.
Cientos de miles
y miles de argentinos
volvimos la memoria
al cuadro
de la escolar infancia
mostrando un Cabildo
rodeado por el pueblo
bajo esa lluvia
que inventó
discutibles paraguas
y mojó las cintas
de blanco
y celeste su color.

Cientos de miles
y miles de argentinos
sentimos
esa nostalgia lacerante
de la tierra perdida
y ni siquiera

pudimos encontrar
cuando llegó la noche
nuestra primera brújula
en la Cruz del Sur.

Cientos de miles
y miles de argentinos
cerramos los sentidos
para poder
volver a recorrer
la costa tan azul
los valles
las montañas
La Pampa interminable.
Oír los vientos fuertes
del mar
el rumor
de los arroyos
y de los viejos ríos
del país.

Cientos de miles
y miles de argentinos
soñamos nuestros pueblos
y ciudades
retornando
a los antiguos olores
del eucalipto
y el jazmín.

Cientos de miles
y miles de argentinos
recordamos
el banco de siempre
en cierta plaza
tantas esquinas
el barrio
la familia
los amigos
un café.
El diario
de cada mañana
y la voz de la radio
en nuestro idioma
anunciando zambas
chacareras
gatos o tangos
más un persistente
y alto
porcentaje
de humedad.

Cientos de miles
y miles de argentinos
dijimos en silencio
nuestro Himno
que es tan difícil
de cantar
y supimos finalmente
que estar lejos
de la Patria
es como estar

desterrado
de uno mismo
una muerte pequeña
la peor soledad.

VENTANA BUENOS AIRES

Ventana Buenos Aires
piso 13.
Mis libros
mis papeles
toda la costa.
San Isidro lejano
en la punta
hasta el puerto
Buenos Aires.
Y los colores
marrón
azul y gris
del río.
Llamarte
por teléfono
dos voces las nuestras
y un solo paisaje
Buenos Aires.
Tú y yo
en la tarde
un domingo
Buenos Aires.
Con tu silencio
en las horas de luz

a veces quebrado
por un tren
que recorre tu borde
Buenos Aires
y algún avión
en Aeroparque.
Mis tardes
Buenos Aires
piso 13
ventana
Buenos Aires.

VERTE DORMIR

Ningún hombre puede saber nada
de una mujer
si nunca la vio dormir.
Por eso me fascinó
la primera vez
y luego tantas otras
que te miré dormir.
Y cada vez que puedo
volver a hacerlo
me fascina
y te amo más.

VIDA

Se apagaban
los astros
en la noche
y la lava
corría
sobre la tierra.
Mono
hombre
sabio
explosión
y así otra vez
al infinito.
Mono
hombre
sabio
explosión.
Se encendían
los astros
en la noche
y las aguas
brillaban
sobre la Tierra.
¿Y qué?

Y SER

Del Norte
al Sur
llegar y ver
el mar
la luz
el sol.
Y verte yo
y verme tú
y verde luz
de cielo
y agua azul
y ser
los dos
mañana
tarde
y noche
y ser
de amor
los dos
canción
estrella
arena y ser
de amor
los dos
y ser.

Y TODO EL MAR

Pensar
que no te tuve
nunca
y estuvimos
tan cerca
sin embargo
tantos años.
Además
imposible
insospechable
oscura
de piedad.
Y verme hoy
en la foto
con los otros
con los tuyos
con los nuestros.
Y tú sola
entonces
ajena
entonces
resignada
callada
sacramental
entonces
quizá feliz.
Y recordarte
luego
en una fiesta
en un verano

y nunca
antes
y nunca
más
hasta este encuentro
insólito
tan lejos
y tú
otra vez
insospechable.
Verte llegar
morena
y seria
bajo el cielo
frente al mar.
Sólo una vez
la ternura
en tu mirar
en un abrir
de puertas
del hotel.
Después
el sol
el vino
el paisaje
las palabras
y el partir.
Y ahora
todo este deseo
que crece
desde lejos.

Buenos Aires
es tan lejos.
Todo el amor
desde allá
todo el amor
desde mí
y sin embargo
una distancia
total
y tanto cielo
y todo el mar.

ANEXOS

Carta de Juan Gelman recibida en respuesta a una mía enviada desde Estocolmo, donde yo era embajador.

París, 4-9-87
Querido Albino:
Me alegró mucho tu carta y también tu desborde generoso, porque me prueba que seguís siendo el mismo que conocí en lejanas redacciones porteñas: tener –a nuestra edad– entusiasmos no es privilegio de cualquiera.
Por otro lado, me hizo reír mucho. Porque sos, efectivamente, un pretencioso, pero al revés de lo que me decís. Vos pretendés no ser poeta y estás equivocado. Pretendés que no tenés que escribir más y estás equivocado. Ahí demostrás más pretensiones que la percanta del tango. No te hagás ilusiones, sos poeta, y por añadidura un buen poeta. Y nunca dejarás de escribir poesía. Como una vez me dijo el grande sabio, José Coronel Urtecho: "¿Qué es un buen poeta? Uno que escribe un buen poema, aunque sea uno solo, ya es un buen poeta".
Yo sé que a vos te pasa con tus cosas lo mismo que a mí me pasa con las mías. Hay tanta distancia entre lo que un quiso decir y lo que consiguió decir que, pasada la calentura del libro y de la publicación, le viene a uno un sudor frío cada vez que relee sus propias cosas, un

sudor más frío y jodido que el que le venía a Safo cuando veía a la mujer amada. Pero ese es el otro lado del mostrador, el nuestro, y también está el lado del lector, por el que deberás mostrar más respeto. Yo también soy tu lector y te ruego que me respetes y sigas escribiendo, intentando apresar la belleza.

Seguramente recordarás lo que solía decir Dylan Thomas para explicar nuestro oficio, nuestros intentos persistentes y aun decepcionantes (para uno) de insistir con la poesía. Citaba esa espléndida frase de Chesterton: "Lo verdaderamente milagroso de los milagros es que, a veces, se producen". Y Thomas seguía revolviendo su cuchara en el magma poético para lograr, a veces, el milagro. No hay otra explicación para esa persistencia.

Y creo que el verdadero valor consiste en perseguir ese milagro, aunque muchas veces no se produce y, cuando parece que asoma, se desvanece con más rapidez que sueldo de maestro. Vos decís que no tuviste valor para dejar de escribir poesía hasta ahora y creo exactamente que, si dejaras de escribir poesía, mostrarías una falta de valor. Eso, a la señora (poesía) no le va a gustar nada. Y a tus amigos y lectores tampoco.

Y haceme un último favor: no te hagás el Feliciano, che Albino.

Te abraza fuerte y conmovido.

Juan Gelman

***

Esta es mi versión al español de tres poemas de Karol Wojtyla (Juan Pablo II) que publiqué en el diario *Clarín* en octubre de 1979. Tuve el enorme privilegio de entregarle estas versiones al propio Juan Pablo II, en una de las cuatro oportunidades en que pude verlo, cuando era vocero del Palacio San Martín y concurrí con nuestra delegación, presidida por el entonces canciller Dante Caputo, para las negociaciones sobre el Beagle con la delegación de Chile.

LOS NIÑOS

Crecen casi sin advertirlo
a través del amor.
Pero de pronto
ya grandes
bajo el control
de las multitudes
que van y vienen sin sentido
quedan desdibujados
entre el día y la noche
con sus corazones atrapados
como pájaros.
El pulso de la humanidad
comienza en ellos a latir.
En la orilla del río
un árbol levanta sus brazos
a la luz de la luna
mientras la tierra
apenas se atreve a respirar.
Ese es el momento
en que los corazones de los niños
salen del agua.
¿Cómo serán mañana
cuando echen a andar?

MUCHACHA DESILUSIONADA DEL AMOR

Con el mercurio medimos la tristeza
como medimos el calor de los cuerpos
y del aire.
Pero no es esa la forma
de poder saber de nuestros límites.
Porque tal vez tú crees
que eres el centro
de todas las cosas.
Pero si sólo pudieras vislumbrar
que no es así
sabrías de pronto
que el único centro de todo
es ÉL
y que ÉL tampoco
encuentra el amor.
¿Cómo es que no lo sabes
todavía?
Temperatura cósmica
tristeza
mercurio.
¿Para qué sirve entonces
el corazón humano?

EL NEGRO

Mi querido hermano
eres como una inmensa tierra
donde de pronto los ríos se secan
y el sol quema el cuerpo

como una fundición de metal.
Siento tus pensamientos
como míos
aunque tomen otros caminos.
Porque usaremos la misma balanza
para pesar el error y la verdad.
Es como una fiesta:
pensamientos que resplandecen
diferentes
en tus ojos y en los míos
aunque su sustancia
sea la misma para los dos.

***

Prólogo de Hipólito Jesús Paz al libro de poemas *Lejos más te quiero*.

    Estos muy bellos poemas, de Albino Gómez, en su exaltación del amor desdichado, tañen las campanas del recuerdo sobre esta sombría verdad entreabierta por los trovadores medievales y que podría dibujarse así: El amor es una relación efímera pero trascendente en la que mientras uno sufre, el otro se apaga: "Mañana es noviembre/ en tu ciudad/ y no parece todavía/ que este otoño/ que se va haciendo/ día a día/ más invierno/ pueda poner en marcha/ nuevamente/ el calendario inmóvil/ de tu amor" . Además, de un amor Norte-Sur.
    Así aquieta la desventura Albino Gómez, de quien alguien dijo que tiene el heroísmo de su verdad y de su buen humor (yo diría, de su buen amor). De ese amor

que es, como enseñaba el místico Jalal-Uddin-Rumi, el astrolabio de los misterios de Dios.

Y Gómez, en el verso que acabo de leer, perfila como circunstancia inexorable del amor desdichado a la ciudad: Caracas o Buenos Aires. Porque si un amor frustrado es siempre triste –donde fuere– las aristas grises de la ciudad acribillan a la soledad para convertirla en el vía crucis de la desolación. ¡Qué multiplicadamente solo se está sin amor en una ciudad!

Y por eso dice en "Las ciudades prometidas": "No quiero dejar/ de recordarte/ que de cualquier modo/ que sea/ y cuando sea/ tenemos que andar juntos/ las calles de Atenas/ y llegar a los *Cloysters*/ en Nueva York/ La Gran Vía/ La Puerta del Sol".

La poesía de Albino Gómez tiene la desvanecida soledad de Buenos Aires, es decir una soledad impalpable. Es ella una ciudad –mi ciudad– que está hecha de vacíos y desgarros. Los custodios de su urbanización van haciendo con Buenos Aires una suerte de cirugía estética al revés. Y en Buenos Aires, lo real, lo existente, no vive –como los personajes de Ibsen–, trabaja por ausencia: "Llueve desde hace siete días/ en Buenos Aires/ sin cesar/ y todavía no sé/ si ese llanto de ciudad/ es porque no vas a venir/ o simplemente/ porque no estás".

En esta conjunción de las dos tristezas, la de esos días grises de Buenos Aires y la del poeta, no se sabe cuál de las dos se apoya en la del otro, pero se las presiente unidas por un hilo invisible pero cierto que rematan en una acendrada soledad.

Pero campea también en la poesía de Albino Gómez un fino sentido del humor porteño, valga de ejemplo, entre tantos otros: "Virtudes y defectos": "Reunías en vos/ sin duda/ y yo lo supe desde el vamos/ todas las virtudes conocidas/ de la Tierra/ Pero según alguna gente/ también tenías un oculto defecto/ que se hizo evidente/

cuando no persististe en nuestro amor/ Lo cual según creo yo/ y bien visto finalmente/ no fue otra cosa/ que tu más reciente e inédita virtud:/ habida cuenta sobre todo/ quien era la contraparte/ en ese amor". Está aquí sugerida también la picaresca filosofía del porteño en materia de amor. En apariencia él es el abandonado, pero si se lleva su misma proposición hasta los extremos se llega a un caviloso final. Porque el hombre de Buenos Aires, por decoro, por ética, más no sea que en estuoso homenaje a la madre, nunca deja a una mujer: es ella la que inexorablemente se va, aunque él haya creado las condiciones necesarias y suficientes para que eso ocurra. Y él finalmente, a fuerza de repetirlo termina por asumirlo y vivirlo así. Para el caso es lo mismo. Y para rematar todo, así lo hace Albino Gómez en una confesión de acendrado amor: "Lejos más te quiero".

Esta bella obra que tengo el placer de presentar tiene un solo tema: el amor. Como dice Denis de Rougemont, y sus palabras son de pertinente aplicación al libro de Albino Gómez, "toda la poesía europea ha salido de la poesía de los trovadores del Siglo XII, y ya nadie puede dudar de ello. ¿Y qué es la poesía de los trovadores? No otra cosa que la exaltación del amor desdichado. No se trata aquí del amor feliz, colmado o satisfecho (tal espectáculo no puede engendrar nada) sino del amor perpetuamente insatisfecho; en suma, que hay sólo dos personajes: el poeta que ochocientas, novecientas, mil veces torna a formular su queja, y una bella que siempre dice no. Europa nunca conoció poesía más profundamente retórica: no sólo en sus formas verbales y musicales, sino que, por paradójico que parezca, también en la inspiración misma, puesto que ella tiene su fuente en un sistema fijo de leyes que fueron modificadas con el nombre de *Leys d'Amors*: pero también hay que reconocer que nunca una retórica fue más exaltada y ferviente".

"Una canción brasileña/ que nos gusta a los dos/ dice que la tristeza/ no tiene fin/ la felicidad/ sí/ lo malo/ es que justamente a vos/ se te haya ocurrido/ ratificármelo/ precisamente/ a mí".
(*Bossa Nova*).
Lo cierto es que la tristeza del poeta tampoco tiene fin.

Hipólito J. Paz

***

Reseña publicada en la *Revista Historium* en enero de 1970 sobre mi libro de poemas *La mufa*, por el cual se me aplicara una sanción de treinta días de suspensión en la Cancillería de nuestro país, por solicitud del embajador de los Estados Unidos de América, señor Cabot Lodge, durante el gobierno de facto del general Onganía.

El autor de la reseña fue el gran escritor y poeta Vicente Trípoli, injustamente olvidado, cosa frecuente en nuestro país. Nunca llegamos a conocernos de ninguna manera, salvo a través de lecturas. Por eso lo rescato.

Es como la voz de alerta del soldado en su última trinchera. Una canción nostálgica por lo irredimible, una diatriba, una crítica al mundo y un sentimiento profundamente humano, un salmo actual, un gran apóstrofe, un desgarrante *currículum* de nuestra vida-muerte. Estar vivo y advertir que nos vamos quedando a la vera del camino y no podemos volver a él para reiniciar la gran marcha de la justicia que nos habíamos propuesto soñadoramente. Muerte no de individuos, de seres físicos (carne y hueso) sino de los más caros sentimientos de la vida. En cambio nos han dejado ordenanzas millonarias que nos "ordenan" la vida desde el nacer hasta el perecer en tal lugar del mundo, mientras en otras partes se muere sin ton ni son, se mata a diestra y siniestra. ¿Puede ser poético un libro con semejantes alusiones y citas? ¿Este inventario de noticias sin retorno puede llegar a ser estética y arte? El lector de *La mufa*, poemario de Albino Gómez, se hallará con una sorpresa después de la lectura. Si se preguntaba antes y no tenía respuesta, ahora podrá contestar afirmativamente. Esta enumeración del cansancio del hombre frente a las frustraciones conscientes, esta *mufa*, que nos hacina y cubre, puede dar lugar a un lirismo denunciante y libre de ataduras; nos asegura que por la denuncia también se puede reconquistar el sentido poético de la vida, ya perdido entre el fragor de las máquinas y las políticas masivas indiscriminadas. La rebelión del arte, su índice creador, es el que nos dejará testimonios como el de Albino Gómez, una mezcla de audacia, ingenuidad y fe en la supervivencia humana. Y en el trasfondo de todo este casi grito, el amor latente, el amor que salva y le hace repetir al autor muchas veces: "Si yo pudiera...". Si yo pudiera todo esto que te digo, seguro llegaría con vos hasta al final, al final verdadero, grande, irremediable y no a este adiós prematuro que nos damos con reproche, tristemente, desolados, hoy.

Vicente Trípoli

Resolución del Ministerio de Relaciones Exteriores y Culto sancionándome por la publicación de *La mufa*, y agrego luego el verdadero motivo de la sanción.

MINISTERIO DE RELACIONES EXTERIORES Y CULTO / RESERVADO

BUENOS AIRES, 27 de mayo de 1970

VISTO la publicación realizada por el Secretario de Embajada de primera clase y Cónsul de primera D. Albino Alberto GÓMEZ, de diez poemas de los que es autor; publicación materializada en el año 1969 por intermedio de la Editorial Josalbi;

Las obligaciones impuestas a los funcionarios del Servicio Exterior de la Nación en los artículos 12 y 15 de la Ley 17.702;

Lo establecido en la Resolución Ministerial "R" No. 439/64;

y

CONSIDERANDO:

Que la conducta del mencionado funcionario conforma una violación de las normas a que se ha hecho referencia precedentemente;

Por ello,

EL MINISTRO DE RELACIONES EXTERIORES Y CULTO RESUELVE:

ARTÍCULO 1o. – Aplicar al funcionario de la categoría "f", Secretario de Embajada de primera clase y Cónsul de primera D. Albino Alberto GÓMEZ, de conformidad con lo impuesto en el artículo 29, inciso B) de la Ley 17.702, la sanción disciplinaria de treinta (30) días de suspensión, por observar una conducta violatoria de las obligaciones impuestas a los funcionarios del Servicio

Exterior de la Nación en los Artículos 12 y 15 de la Ley 17.702 y en la Resolución Ministerial "R" No. 439/64.
ARTÍCULO 2º. – Comuníquese, tómese razón y archívese.
RESOLUCIÓN No. 377 / FDO.) JUAN B. MARTÍN
ES COPIA
Z.B.B.

José María Vázquez Consejero

Y ahora la verdad:
Ocurrió que publiqué *La mufa* ya de regreso a Buenos Aires después de cumplir mi último destino en *Washington DC*. Pero dichos poemas le disgustaron al embajador de los EE.UU., un señor Cabot Lodge, que se quejó ante la Presidencia de la Nación por considerar su contenido agraviante para su país. El presidente Juan Carlos Onganía le ordenó entonces a su secretario de Prensa que se dirigiera a la Cancillería para que dispusiera lo que fuera pertinente. Claro está, ese fue el motivo verdadero de sanción, pero la Cancillería no podía reconocer semejante intromisión de un embajador extranjero, por lo cual apeló a normas burocráticas que habían caído en desuso. El hecho cierto es que nunca cumplí dicha sanción, no obstante resultó muy positiva para mí, porque cuando se hizo cargo de la presidencia el general Levingston, lo convocó al subsecretario de Relaciones Exteriores, embajador José María Ruda, gran internacionalista, para pedirle mi cesantía por la publicación de *La mufa*, ya que él conocía esos poemas por haberlos leído en *Washington* donde estaba destinado, ya que circulaban en hojas sueltas por toda la colectividad argentina, lo cual también le disgustaba al embajador en dicha ciudad, D. Álvaro Alsogaray. El general Levingston se había convertido en muy pro norteamericano. El

embajador Ruda le explicó al presidente que existía un principio clásico del Derecho Penal, el famoso non bis in ídem, por el cual no se podía sancionar a ninguna persona dos veces por el mismo "delito". Y eso ya había ocurrido conmigo. Ruda terminó su brillante carrera como Juez de la Corte Internacional de la Haya. Y el general Levingston, que se recuperó con el transcurso del tiempo de su pro norteamericanismo, en un almuerzo me reconoció años después que *La mufa* era un libro valioso.

Retóricas irreverentes, artefactos para desarmar, arquitecturas poéticas resistentes al desgaste. Desear lo nuevo. ¿Cómo nombrar lo ya dicho?

El fin de la noche, constelación de narrativa y poesía hispanoamericana. Con publicaciones de cuidado artesanal y soporte imperecedero, el sello integra la tecnología de edición más avanzada –impresión bajo demanda, libre acceso de lectura online y distribución digital internacional que permite que los libros estén siempre disponibles– a la delicada paciencia para el armado de cada título.
Que los libros luminosos jamás se agoten.

Puede conseguir nuestros títulos desde cualquier ciudad del país y del mundo. En nuestra página www.elfindelanoche.com.ar encontrará la red de librerías virtuales nacionales e internacionales asociadas.
Por cualquier consulta, por favor contáctese a info@elfindelanoche.com.ar

Esta tirada de 100 ejemplares se terminó de imprimir en abril de 2014 en Imprenta Dorrego, Dorrego 1102, CABA